찢기고 상처 난
가족 치유 상담 이야기

보통의 가족이
가장 무섭다

프롤로그

불 꺼진 방 안에서 무슨 일이 일어나는지는 아무도 모릅니다. 커튼을 걷고 들춰내야만 알 수 있는 보통의 가족에 대한 이야기들은 누군가 말해주었기에 이 책에 담을 수 있었습니다.

30대 중반의 아기 엄마가 떠오릅니다. 그녀는 돌잡이 정도의 남자아이를 업고 긴 한숨을 쉽니다. 첫째 초등 5학년인 첫째 딸이 어찌나 말을 안 듣는지 어떻게 해야 할지를 모르겠다고 괴로워합니다.

50대 초반의 중년 여성은 "선생님, 아무 이야기도 하지 말고 그저 내 얘기만 들어주실 수 있나요? 상담료는 걱정하지 마시고 그냥 시간 좀 내주세요"라고 하며 "끅끅" 울음을 쏟아내고 이야기를 시작합니다. 2시간 반이 흘렀습니다. 그리고 스마트폰을 열어 사진을 보여줍니다. 남편이 어깨를 감싸고 있는 여인은 자신이 아니라며 바람난 남편 이야기를 합니다.

40대 중반의 여성은 1주일 뒤에 오겠다고 약속했지만, 2주가 지나도 오지 않아서 전화했는데 받지를 않았습니다. 문자로 정신병원에 입원 중이니 면회를 와 달라고 합니다. 잠시 후 가족 외엔 면회가 안 된다는 문자가 왔는데, 면도날로 자신의 손목을 그어 새벽에 잠자고 있는 남편의 얼굴에 핏물을 떨어뜨렸다고 합니다.

저는 여러 상담 기법 중에 현실치료상담*(Reality Therapy)*을 주로 사용합니다. 이 이론과 상담을 배운 이후 우리 가족은 날마다 시트콤 같은 하루입니다. 결혼한 지 30년이 되어도 바꿀 수 없는 남편의 행동들, 예를 들면 양말을 동그랗게 말린 상태로 집어 던져 놓는 것을 받아들였습니다. '저 사람은 못 바꾸니 내가 생각을 바꾸자!'라고 하는 내면의 통제력이 생겼기 때문입니다.

죽이고 싶은 일곱 살 아들 때문에 가슴 치는 엄마,
부부도 서로 알 수 없는 비밀스러운 아픔,
재혼 가정의 이혼에 대한 공포증,
딸을 우울증으로 밀어 넣은 부모의 간섭,
벼락에 맞아 죽을 것 같다고 절규하는 10살짜리 아이의 공포,

이혼은 해야 하는데 돈이 없어 괴로운(절박함),
신혼의 꿈이 박살 나는 이야기,
총각을 사랑해도 되느냐는 유부녀의 하소연,
외도를 사랑이라고 착각하는 남편,
부모에게 원수 갚으려고 흡연하는 중학생...

이런 이야기들은 겉보기에는 평범해 보이는 가족이 드러내지 않으면 결코 알 수 없는 사례들입니다.

'보통의 가족이 가장 무섭다'라고 한 이유는 다음과 같습니다.

먼저 특별한 가족이 아니라 '보통의 가족'이라는 말은 부모 자녀가 함께하는 가족을 의미하는데, '어제 날씨가 맑았고 오늘도 날씨가 맑았으니 내일도 맑겠지!'라고 하는 막연한 믿음과 근거 없는 확신으로 살아가는 것입니다. '오늘 아무 일 없었으니 내일도 아무 일 없을거야!'라는 생각으로 아무런 인식이나 대비가 없이 그냥 살아가는 상태를 의미합니다.

또한 '가장 무섭다'고 한 것은 타인과의 관계는 끊어버리면 그만인데 가족과의 관계는 혈연적이라서 끊어낼 수도 없고, 그대로 방치했을 때는 가정해체 혹은 극단적인 선택으로 이어질 수 있기 때문입니다.

에스키모인들이 곰을 잡기 위해 칼에 피를 뿌려 거꾸로 세워 놓으면 곰이 피를 핥아먹다가 결국 자신의 피가 다 빠지는 줄도 모르고 죽는다는 일화를 본 적이 있습니다.

이 책은 선택이론의 개념과 현실치료의 W.D.E.P 체계를 주로 사용한 사례를 중심으로 구성되어 있어서 읽어보기만 해도 자기상담(Self Counsel)에 도움을 받을 수 있습니다.

모든 상담 사례는 딱 한 가지 이론만 적용했다기보다는 미술치료기법 등 상황에 맞는 여러 방법을 절충한 후 적용하여 진행하였습니다.

이 책은 후속조치가 아닌 예방의 목적이 더 큽니다. 우리가 선택이나 관계에 대한 이론을 조금이라도 이해하고, 실제로 적용하는 방법을 익힌다면 우리는 얼마든지 좋은 선택으로 좋은 관계를 유지할 수 있습니다.

저는 한쪽 무릎을 꿇고 친구의 풀어진 운동화 끈을 묶어주는 사람이 되고 싶습니다. 여러분은 이제 나의 친구입니다. 자, 이제부터 아픔의 장막을 걷고 가장 무서운 일을 가장 행복한 일로 바꿨던 또 다른 친구들을 만나보실까요?

3장 chapter. three
머릿속 좋은 세계에 무엇이 있나요?

4장 chapter. four
불행도 선택이라는 것을 알고 있나요?

5장 chapter. five
친밀한 인간관계 만들기

6장 chapter. six
보통의 가족도 행복할 수 있습니다

찢기고 상처 난
가족 치유 상담 이야기

보통의 가족이 가장 무섭다

보통의 가족이
가장 무섭다

1장

chapter. one

사랑하는 이들과 좋은 관계를 맺고 있나요?

사람은 자기가 원하는 일을 할 때
성취감이 생기고 행복감을 느낍니다.
모든 일을 놀이처럼 즐겁게 했을 때
학습 효과도 큽니다.

01

학교에 가기를 거부하는 순정이

사랑이란 이름의 횡포를 당한 순정이는 이미 화가 가득했습니다. 말을 해도 들어줄 것 같지 않아 우울하기를 선택한 순정이는 분노의 불길로 활활 타올랐습니다. 그러던 순정이가 어떻게 그 깊은 불꽃 웅덩이 속에서 뛰쳐나와 주도성을 갖게 되었는지, 그리고 어떻게 해서 부모가 과도하게 간섭하고 훈계하던 태도를 버리게 되었는지 살펴보려고 합니다.

여학생과 부모가 함께 찾아온 날, 그들 가족의 그림은 매우 특이했습니다. 고 2가 된 딸이 학교 가기를 거부하고, 밥도 먹지 않고, 이불만 뒤집어쓰고 있으니 부모가 얼마나 놀랐을까요?

신체상 그리기는 레이아웃만 주고 어떤 상태인지 그려보게 하는 그림입니다. 여학생은 머리를 반으로 나누어 한쪽은 텅 빈 공

[신체상]

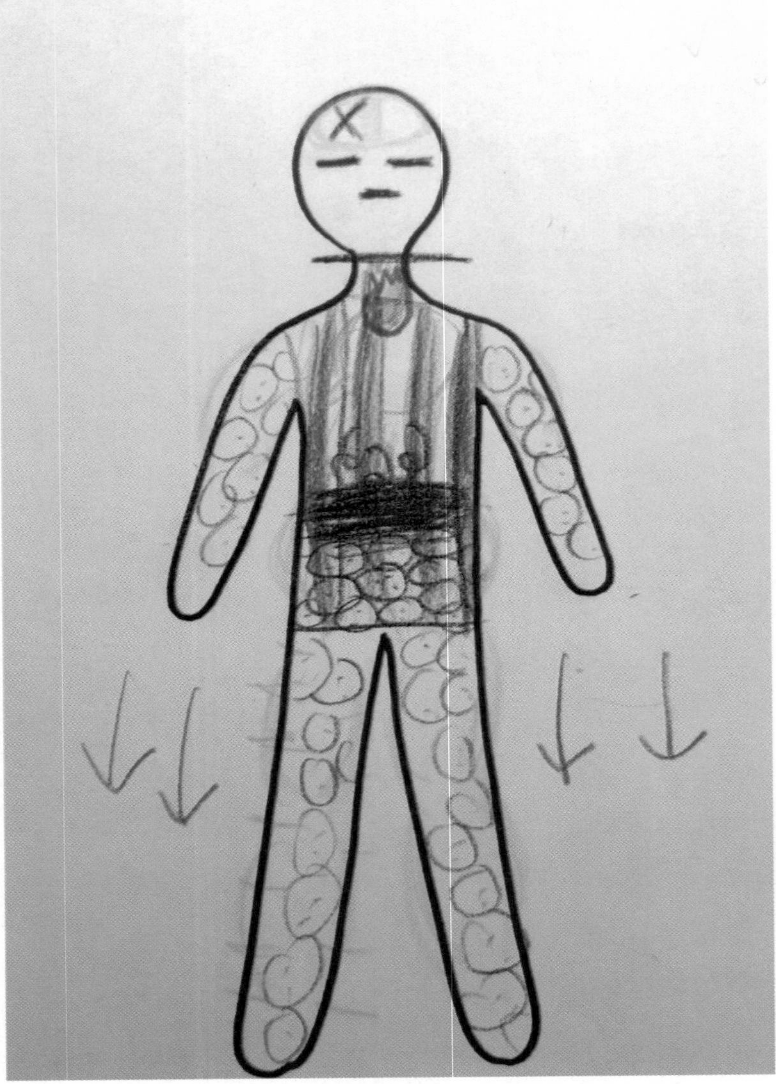

란을, 또 한쪽은 아무 생각이 나지 않는다는 듯 X 표시를, 목에는 옆으로 사선을, 성대 위치에는 활활 타오르는 불꽃을, 가슴엔 푸른색의 창살을, 아랫배에는 시커먼 돌덩이를, 팔다리에는 자갈돌이 겹겹이 쌓여 있는 모습을 그렸습니다.

머리가 텅 비어 있고 X 표시를 한 것은 학교 공부에 집중이 안 되는 상황을, 성대의 불꽃은 친구 관계가 어렵다고 의논하고 싶은 말이 목까지 차 있어도 뱉을 수 없는 상태를, 가슴은 자신이 감옥에 갇혀 있는 것 같은 답답함을, 배와 팔과 다리에 돌과 자갈이 매달려 있는 것은 온몸을 지탱하기 어려운 무기력감을 표현하고 있습니다.

순정이의 현재 상태를 바로 보여주는 그림이었습니다.

순정이는 작은 딸이어서 사랑을 받고 자랐지만, 자신의 억울함이나 불편함을 쏟아내고 싶어도 부모와 나쁜 관계가 될 것 같아 두려워합니다. 학교에서 친구 관계가 나빠졌다고 말해봤자 훈계나 충고만 늘어놓을 것을 알기 때문에 쏟아내지 않습니다. 결국, 우울함으로 화를 내고 있습니다. 무기력을 선택하여 식사를 포기하고 등교를 거부합니다.

순정이는 나름대로 창의적인 선택을 했다고 보이지만 효율적인 선택은 아닙니다. 학년이 바뀌면서 친했던 친구가 다른 친구랑만 놀고 자신을 외면할 때 당황해서 여러 번 부모에게 말했지만 무조건 학교에 가야 한다고만 해서 이미 속이 타들어 가 새까만 상태입니다.

순정이의 마음을 하나씩 읽고 반영해주자 "휴"하고 큰 숨을 내쉽니다. 순정이에겐 무엇을 하든 자신이 주도적으로 선택할 수 있는 힘이 필요했습니다. 부모가 취업을 이유로 실업계 학교로 진학시켰을 때 저항할 힘이 없었습니다. 피아노를 잘 치고 노래 부르기를 좋아하며 예술에 소질이 있었는데 말입니다. 사랑이란 이름의 횡포를 당한 순정이는 이미 화염에 휩싸여 있습니다.

순정이의 엄마는 난화*(낙서하듯 마음대로 긁적이거나 휘갈겨 그린 그림*

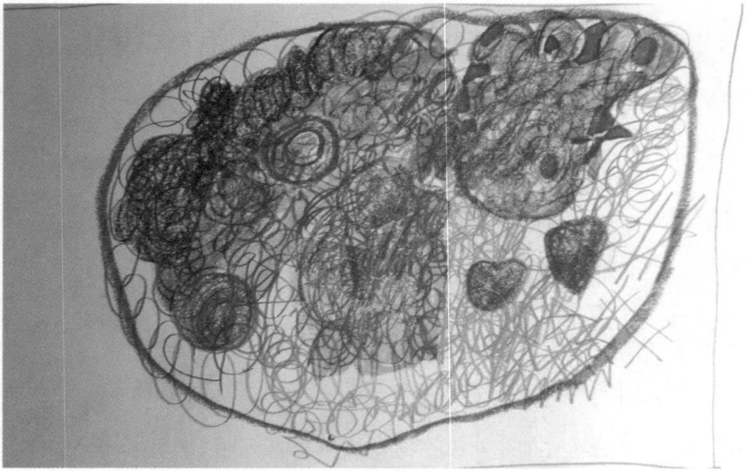

*에서 이미지를 찾아낸 그림)*를 그렸는데 엄마는 초록색 양말을 신었고 그 발가락 끝에 빨간 색깔의 피가 묻어 있습니다. 그 그림을 대면한 아빠의 눈시울이 붉어집니다. "당신이 이렇게 힘든 줄 몰랐어. 미안해!" 그 발 그림을 바라보는 가족들의 눈빛은 서로의 시선을 회피하며 아래로 내리깔립니다.

또한, 엄마가 짐을 들고 가다가 계단에서 쉬고 있는 모습의 그림을 통해 엄마가 얼마나 힘들어하는지를 이해하게 됩니다.

첫 주에 부모에게 내준 과제는 걸림돌을 사용하지 말라는 강력한 당부였습니다. 같이 오자는 말도 절대 꺼내지 말라고 했고, 5주 동안 부모는 선택의 개념과 대화법을 배우고 미술심리기법으로 치유와 학습을 동시에 진행하였습니다.

현실치료상담은 변명을 허용하지 않습니다. 어려서부터 가정폭력 가정에서 자랐기 때문에 자신이 의존적인 것은 당연하다고 생각하던 아빠였습니다.

"나라면 엄마가 매 맞을 때 아빠를 밀쳐내고 엄마를 피신시켰을 텐데 그렇게 하지 못한 특별한 이유가 있었을까요?"

"그런 행동이 어떤 도움이 되었을까요?"

아빠에게 물었습니다. 한동안 말이 없습니다.

평가 질문은 잔잔한 수면이 파문으로 일렁이듯 생각을 뒤흔들어 놓습니다. 통찰이 일어났고 죄책감의 원인, 자신의 의존적인 행동에 대해 알아차림이 일어난 것입니다. 자신의 아버지가 어머니를 두드려 패고 나서 자신에게 용돈을 주었다는 사실을 기억해냈습니다. 그제야 아들은 어머니가 자신이 매 맞는 것을 보고도 말리지 않은 덩치 큰아들이 얼마나 원망스러웠을까를 생각하며 가슴을 칩니다.

미안함을 억압하여 내면 깊은 곳에 숨겨두어 회피하다 보니 의존적인 상황이 온 것입니다. 부인에게 하루에 4~5번 전화해서 의사결정의 도움을 구하고, 심지어 직원 결혼식에도 동행해야 할 정도였다고 합니다.

이 가족 상담에는 옐로카드*(Yellow Card)*가 유용했습니다. 자기 순서가 아닌데 끼어들고 규칙을 지키지 않을 때 카드를 한번 들면 1미터씩 멀어지게 합니다. 저 멀리 떨어져 있어서 대화에 참여할 수 없는 자신의 위치를 확인하는 순간 자신이 얼마나 많은 간섭과 걸림돌을 사용했는지 알게 됩니다. 6주째 되었을 때 부모의 달라진 모습을 알아차린 딸은 스스로 따라나섰습니다.

사람은 자기가 원하는 일을 할 때 성취감이 생기고 행복감을 느낍니다. 놀이처럼 즐겁게 했을 때 학습 효과도 큽니다. 어렸을 때 아이들과 했던 '땅따먹기 놀이'를 아직도 기억하는 이유입니다.

이 학생은 이후 인문계 학교로 전학한 후 상위권 성적을 유지하며 즐겁게 생활한다는 소식을 들었습니다. 자녀를 사랑하지만 사랑하는 방법에 미숙했던 부모가 훈련을 통해 달라진 모습으로 순정이를 대하자 순정이의 세계가 찬란한 빛 가운데로 들어가게 되었습니다.

걸림돌이란?

“무슨 소리야? 학교에 안 가면 고등학교 중퇴자로 뭐해 먹고 살려고 그래?
당연히 학교에 가야지!”
“네가 친구한테 어떻게 했길래 너랑 안 놀겠니? 그러게 진즉 잘했어야지!”
“다른 아이들은 어려운 수학도 잘만 하던데 너는 왜 그렇게 못하는 거니?”
“네가 좋은 성적 받고 친구랑 잘 지내려면 네가 더 노력해야 해~”

※ 위와 같은 지시형이나 평가 혹은 비교에 대한 걸림돌에 대해 알고 싶다면 <부모 역할 배워지는 것인가>(토마스 고든 저, 김인자 옮김, 한국심리상담연구소)를 읽어보시기 바랍니다.

02

좋은 관계가 먼저예요

어느 날 내 옆에 또 다른 한 존재가 숨을 "쌔엑 쌕" 쉬고 있는 경이로움! 얼마나 예쁘고 사랑스러운지, 자는 얼굴을 들여다보며 시간 가는 줄 모르고, 깰까 봐 숨을 죽이며 혼자 미소 짓던 나날들, 말캉한 손과 발을 잡고 얼굴에 비벼대던 그 행복감, 자면서도 미소 짓기 일쑤이며 낑낑대며 기지개를 켜는 소리가 얼마나 신비로웠는지... 이 모든 기억을 잊어버리고 자녀를 억압하는 이유가 뭔지, 좋은 관계를 어떻게 맺을 수 있는지 살펴보려고 합니다.

우리는 누구나 모든 인간관계를 잘하고 싶습니다. 특히 부모와 자녀 관계를 잘하고 싶은 마음이 큽니다. 사랑의 결실로 태어난 자녀는 세상에 존재하지 않았던 새로운 생명체입니다.

아이의 세계는 엄마와의 관계로 인해 살만한 세상인지, 아닌지를 알게 됩니다. 머릿속 좋은 세계 안에는 엄마가 자신의 심장 소리를 들려주며 젖을 먹여주던 그 시기가 가장 행복한 그림으로 남아 있습니다.

그런데 어느 날 엄마가 예전의 엄마가 아닌 것처럼 느껴집니다. 아이는 호기심으로 이것저것 건드려보는 행동을 합니다. 지금까지 온 세상 모든 것을 다 줄 것 같이 친절하던 엄마가 갑자기 돌변합니다. 이제껏 들어본 적 없는 목소리로 소리를 지르고, 괴물 같은 얼굴로 야단을 칩니다. 아이 입장에서는 너무나 혼란스럽고 왜 돌변했는지 이유를 몰라서 답답합니다. 아이 눈높이에 맞춰 아이가 이해할만한 수준으로 차분하게 이유를 말해주었다면 어땠을까요?

현실치료상담의 기반이 되는 선택이론은 모든 행동은 내면 작용에 의해서 일어난다고 말합니다. 횡단보도에서 빨간 불에 멈추는 이유는 빨간 불이 켜졌으니까 그냥 습관에 의해 멈추는 것이 아닙니다. 좌우를 살핀 후 안전하다고 확인되면 멈추지 않고 건너갈 수도 있습니다. 살고 싶은 생존 욕구가 있기 때문에 그런 것 아닐까요?

친한 친구에게 전화가 오면 받는 이유도 마찬가지죠. 대화를 나눔으로 사랑의 욕구가 채워지기 때문입니다. 이것을 채울 수 없는 광고 전화는 절대로 받지 않습니다.

우리가 하는 모든 행동은 자신이 원하는 것을 얻기 위해 선택하는 것이라고 윌리암 글라써(Wiliam Glasser)는 말합니다. 사람은 누구나 타고난 욕구가 있고 사람마다 그 강도가 다르며 욕구를 충족하는 방법이 다르다고 말합니다. 자신이 원하는 것을 얻을 때 욕구와 바람이 충족되어 행복감을 경험한다고 말합니다.

엄마들이 가끔 행복에 대해 혼돈할 때가 있습니다. 세상에서의 성공이 행복이라고 정의하면서 '내 아이만은 나보다 나아야 해!' 라는 생각으로 강압적인 태도를 보입니다. 자녀는 집안의 장식물이 아닌데 자신이 만들어 놓은 장식품처럼 여길 때가 있습니다.

부모들이 자기 방식만 고집하고 자녀에게 권력을 행사할 때 자녀들은 행복하지 않습니다. 윌리암 글라써는 행복은 선택이며, 정서적 어려움은 불행한 상태에 놓인 것이라고 봅니다. 그 선택에 대한 책임은 본인에게 있다고 말합니다.

정혜신 박사는 적정 심리학을 주장합니다. 적정기술이란 기본적인 기술의 결핍으로 인간다운 삶을 살지 못하는 사람들을 위해 쓰는 기술을 말합니다. 예를 들어 물이 귀한 아프리카에서 물동이를 머리에 이고 나르는 대신 동그란 튜브 같은 통을 끌고 다니도록 고안된 기술을 의미합니다. '언제나 당신이 옳다!'고 공감하는 것이 적정 심리학이라는 의미입니다. 사람의 내면에서 일어나는 어떤 감정이든 수용하고 인정하는 공감이 우선 되어야 한다는 것입니다.

현실치료상담은 관계의 심리학이라 말합니다. “남편, 시어머니, 자녀 때문에 못 살겠어요. 그들이 나를 너무 힘들게 해요”라며 관계의 문제가 생겼을 때, 자신의 행동이 내부로부터 나온다는 것을 알아차리면 달라질 수 있습니다. 외부의 그 누구도 자신의 좋은 세계를 바꿀 수 없다는 것을 알게 되기 때문입니다.

무조건적인 공감을 통해 자신이 옳다고 인정을 받을 때 소속 사랑의 욕구가 채워지면서 내면 깊숙한 곳에 콜타르처럼 엉겨 붙어 있던 원망이나 불평 혹은 비난이나 슬픔 등이 녹아내리기 시작합니다. 그때 비로소 부정적인 생각이나 불안정감이 사라지고 자신을 오롯이 한 존재로 인정하는 긍정적인 선택이 가능합니다.

보통의 가정에서 ‘가족들은 잘 지내겠지!’라는 막연한 확신을 가지고 편하다는 이유로 함부로 대합니다. 그 결과 수시로 감정이 출렁거립니다. 넘실대는 감정의 파도를 피하지 못하고 계속 비난하며 화를 낼 것인지, 스스로를 반영해주면서 균형상태로 돌아오게 할 것인지 순전히 자신의 선택입니다.

반영적 경청으로 타인만 공감할 것이 아니라 자기와의 대화를 통해 스스로를 인정하고 공감하는 것이 중요합니다. 거울을 보면서 혹은 생각이나 속말로 스스로에게 현재 자신의 힘듦을 알아주면 신기하게 마음이 풀립니다.

누군가 나에게 심한 말을 하거나 마음이 요동치는 상황이 왔을 때 타인보다 먼저 자신에게 "○○야! 저 사람이 저렇게 억울한 말을 하니 많이 당황스럽지? 이해해! 많이 힘들겠다" 등으로 자신을 알아주면 금방 풀립니다. 마치 만둣집 가마솥 뚜껑 틈에서 김이 빠져나가듯이 억울한 감정이 깊은숨과 함께 빠져나가면 뚜껑이 열리지 않습니다.

자신이 먼저 편안해져야 다른 사람도 돌아볼 용기와 힘이 생기는 것 아닐까요? 자신과의 관계가 건강한 사람이 타인과의 관계도 좋게 만들 수 있습니다.

반영적 경청이란?

상대가 보내는 신호 즉, 언어나 비언어적 신호를 해석하여 되돌려 보내주는 듣기의 방법입니다. 예를 들어 유치원생이 "엄마, 주사를 꼭 맞아야 돼?", "그럼 맞아야지!"라기 보다 "주사가 아플까 봐 두렵구나?", "응, 무서워!", "아, 그렇구나. 사실 나도 그랬어. 그런데 엄마가 맞아보니까 아주 쪼금 따끔하기만 했어."
"정말? 아하, 그럼 나도 맞을 수 있겠네!."

03

엄마가 나를 믿지 않아요

준민이는 엄마가 믿어주지 않으니까, 홧김에 공부하지 않고 흡연에 손을 대었습니다. 준민이는 엄마에게 사랑받는 아들이 되고 싶은데 성적만 따지는 엄마 때문에 흡연을 하게 되었고, 끊었다고 말해도 믿어주지 않고 망신만 주니까 늘 마음이 허전하고 슬픕니다. 소속, 사랑의 욕구가 채워지지 않아서 공원에서 공을 던지거나 밤이슬을 맞고 공원 의자에서 잠을 자기도 합니다. 그러던 준민이가 어떻게 성적이 좋아지고 흡연의 굴레를 벗어날 수 있었는지 알아보도록 하겠습니다.

흡연 문제로 엄마와 함께 온 준민이는 할 말이 많아 보입니다. 1년간 타 기관에서 준민이만 상담을 받았는데 별 효과가 없었다고 합니다. 준민이 엄마가 반드시 피드백을 받고 상담에 협조하겠다는 약속을 받고 나서 준민이와 친구가 되고자 그림을 그리며 이야기를 나누었습니다.

"준민이는 무엇을 했을 때 제일 행복했어?"
"아무 걱정 없이 농구하면서 뛰어놀 때 행복하죠."
"그렇구나! 그럼 최근에 어떨 때 걱정이 되고 힘들었을까?"
"당연히 담배 피우다 걸렸을 때죠."
"그랬구나. 그럼 담배 피우다 안 걸렸으면 괜찮았을까?"
"..."

첫날은 담배를 피우게 된 상황과 그때의 감정을 나누고 흡연의 피해 등에 대하여 설명을 하자 본인도 알고 있다고 말합니다. 그리고 금연 포스터를 만들면서 대화를 나눕니다.

"흡연을 해야 하는 이유라도 있을까?"
"엄마가 나를 한 번도 믿어준 적이 없어요. 담배 안 피운다고 해도 믿지를 않고 의심해요. 심지어 PC방에 와서 친구들도 많은 데 나를 야단치고 끌고 나와요."

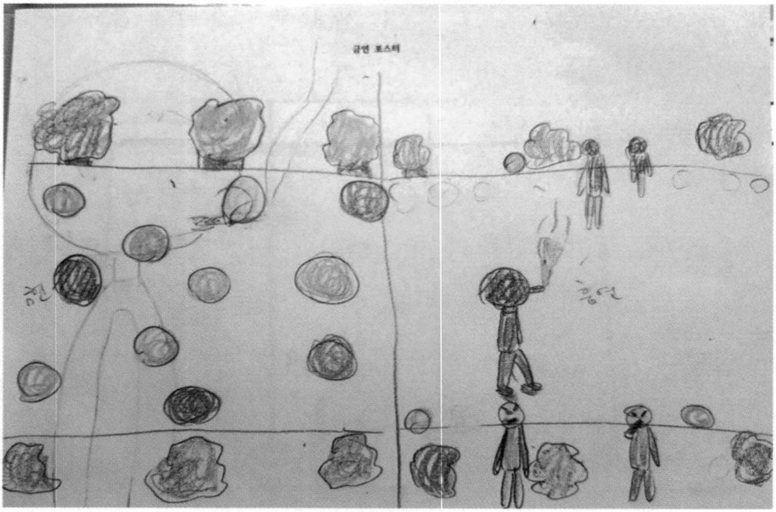

세 번쯤 만났을 때 참았던 눈물이 터지면서 "엉, 엉" 울음소리가 커지고 "꺼억, 꺼억" 숨이 넘어갈 듯 웁니다. 그동안 많이 쌓여 있었는지 한참을 울었습니다.

중 3이기 때문에 적성검사와 다중지능검사 등을 통해 학습 성취도와 흥미도 등을 조사해보았습니다. 잘하는 과목은 수학과 과학이며 상위의 점수였고 영어는 20점 수준이었습니다. 과학이 높은 점수라면 다른 과목도 잘할 수 있다는 점을 암시합니다.

"혹시 영어 공부를 하지 않은 이유가 따로 있을까?"

"엄마가 미워서 일부러 하지 않았어요!"

준민이는 중독 단계가 아니라 흡연의 이유가 저항으로 사랑받고 싶다는 표현을 한 거였습니다. 엄마가 경제적인 주도권을 가졌고 아빠는 늘 집에 계셔서 부부싸움이 자주 일어나서 불안하다고 합니다. 아빠는 왜 맨날 엄마한테 야단맞으면서 일을 하지 않는지 모르겠다고 말합니다. 자신이 속상하고 불안하여 누구랑 말해보고 싶어도 들어줄 사람이 없으니 밤늦게까지 농구를 하거나 공원 의자에서 잠이 든 때도 있다고 합니다. 엄마는 직장에 가고 아빠는 말해 보아야 도움이 안 될 것 같았다고 합니다.

어떤 날은 PC방에서 친구들이랑 놀다 오면 옷에 담배 냄새가 배어 있어서 그런지 자신은 흡연하지 않았다고 하는데도 엄마는 믿어주지 않고 몰아세우기만 하니까 너무나 답답하다고 하소연합니다.

타인을 믿지 않는 이유는 타인도 자신과 같을 것이라는 시각을 가졌기 때문입니다. 자신을 믿을 수 없으니 자녀도 믿지 않고 의심합니다. 사실 우리가 우리 가족을 안 믿어주면 누가 믿어주나요? 준민이도 엄마가 믿어주지 않으니까, 홧김에 더 공부를 하지 않고 역기능적인 행동을 선택하였습니다.

준민이가 평소에 어떤 생각을 하는지 그림을 그려보게 하고 마침 중간고사가 다가와 영어 점수 얼마나 올리고 싶은지 물었습니다. 하위권인 영어 점수에 대하여 몇 점 올리고 싶은지, 그것을 위해 할 수 있는 일이 무엇인지 주도적인 계획을 세우도록 하였습니다. 워낙 바닥이니까 10점만 올렸으면 좋겠다고 하면서 학교에서 주는 시험지의 문제 중 하루에 2개씩만 더 풀어보겠다고 합니다. 원하는 것을 얻기 위해 자신이 스스로 계획을 세웠기 때문에 성취감을 얻을 기회가 온 것입니다.

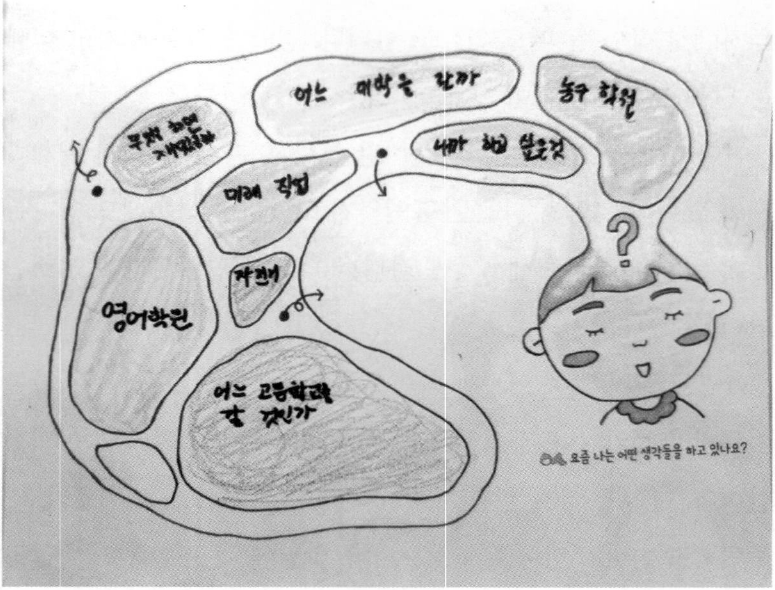

엄마는 자신이 직장에 나가 있는 동안 아들이 무엇을 하는지

알 수가 없어서, 답답해서, 과도하게 간섭하고 꾸중한 면이 있음을 인정합니다. 훈계와 경고로 통제하면 들을 줄로 알았다고 합니다. 준민이 엄마는 PC방에 쫓아가고 싶거나 꾸중하는 문자를 보내고 싶을 때마다 내게 지도받기를 원했습니다. 그렇게 해서라도 자신의 행동을 스스로 통제할 수 있기를 원하는 모습이 참 귀하게 여겨졌습니다.

어떤 날은 PC방 입구에서 저 안에 분명히 아들이 있는데 집으로 끌고 가고 싶다는 전화가 오기도 합니다. 선택한 것에는 책임이 따르니 준민이를 믿어주기로 한 약속을 깨면 어떤 결과가 올지 생각해보라고 말합니다.

2주 후 준민이는 입구부터 기쁨에 겨워 들뜬 목소리로 "선생님!" 하고 뛰어와 손으로 시험지를 흔들어댑니다. "선생님! 나 42점 맞았어요. 영어 점수가 22점이나 올랐어요." 상기된 얼굴에 웃음이 가득합니다. "준민이가 원하는 것보다 점수가 더 올라서 정말 기쁜가 보네! 축하해! 준민이의 기쁜 모습을 보니 나도 신난다." 긍정적인 나전달법으로 마음을 전합니다.

그 한 번의 성취감이 준민이의 학교생활을 바꾸어 놓았고, 엄마의 태도도 바뀌기 시작했습니다. 엄마는 걸림돌을 쓰고 싶을 때마다 나에게 먼저 지도를 받고 나서 믿어주는 말, 긍정적인 나전달법으로 수정하여 보내곤 하였습니다.

봄에 시작한 상담은 그해 겨울에 준민이가 6학년 여동생과 함께 필리핀으로 어학연수를 가면서 끝이 났습니다. 영어 점수가 20점에서 40점대를 넘어 60점대, 80점대를 지나면서 어학연수를 선택한 것입니다. 매우 들뜨고 흥분되어 홍조를 띤 준민이와 행복한 웃음꽃이 핀 엄마의 선택을 지지하면서 나도 눈꽃처럼 하얀 마음이 피어납니다.

04

벼락 맞아 죽을 것 같아요

아이가 벼락 맞는 그림을 그린 것은 매우 특이한 사례였습니다. 보통의 가정에서 엄마들은 아들을 지나치게 사랑해서 문제가 되는 일이 많습니다. 그런데 아이는 한 인격체로 존중받고 사랑과 소속의 욕구가 채워지고 자신이 원하는 삶을 살아갈 때 행복합니다. 엄마의 과도한 교육열이 때로는 자녀를 숨 막히게 합니다. 엄마로부터 받은 스트레스가 얼마나 크면 죽을 것 같다고 했는지 그 내용을 살펴보도록 하겠습니다.

빗속의 사람 그림 검사에서 비를 맞으며 걷고 있는 아이의 머리에 벼락이 세 개나 내려치는 그림은 섬뜩합니다. 우산이나 우비도 없이 맨몸으로 벼락을 맞고 있어서 당장이라도 쓰러질 것 같습니

으악!!!

다. 성우는 "지금 벼락이 내 머리에 세 개나 떨어져서 죽을 것 같아요"라며 떨리는 몸짓으로 울먹입니다. 엄마의 발소리가 나면 얼른 방으로 숨고 방문을 잠근다고 합니다.

성우는 자신이 좋아하는 것이라며 손으로 정교하게 만든 큰 배를 보여주었습니다. 성우는 손으로 배나 비행기를 만드는 것을 잘하고 그걸 만들 때 제일 좋다고 합니다.

얼마 전에는 자신이 만든 배와 비행기를 엄마가 밟아서 부숴버렸다고 슬퍼합니다. 성우는 초등 3학년인데 가야 할 학원 시간표가 빼곡합니다.

이 가정은 상벌 교육이 주는 폐해가 그대로 드러난 사례였습니다. 외할머니가 정해 준 스케줄 대로, 말 잘 듣는 딸로 성장했던 엄마가 똑같은 방법으로 아들을 키우려는 시도에서 갈등이 생겼습니다. 자신과 똑같이 말 잘 듣는 사람인 줄 착각한 것입니다.

부모는 왜 자녀가 자신이 하라는 대로 하지 않으면 위협과 경고를 하는 것일까요? 자녀가 아직 덜 자라서 인격이 없다고 생각하는 것일까요? 부모가 하고 싶은 대로 강제력을 사용하면 어떤 결과가 올까요?

성우 엄마는 아이가 말을 안 들으면 식칼을 손목에 대어 긋는 시늉을 하며 베란다에 데리고 가서 함께 뛰어내리자고 했다면서 자식 잘되라고 한 훈계였다고 말합니다. 부모의 사랑은 마르지 않는

샘과 같습니다. 그런데 어느 순간 욕심의 안개로 시야가 가려지면 샘물이 말라 버립니다.

성우는 정성 들여 만들어 놓은 비행기나 배들이 짓밟힘을 당할 때 자신의 존재가 사라지는 것 같은 두려움과 상실감을 느꼈을 것입니다. 아빠는 성우가 얼마나 힘들면 벼락 맞아 죽을 것 같다고 하는지 알아차렸고 시골 할머니 댁으로 주소를 옮겨 전학시켰습니다. 사실 성우 아빠, 엄마의 관계도 최악의 상태였습니다. 남녀 간의 정서적 차이와 기질의 차이 그리고 인격적인 관계에 대한 이해가 부족한 부부였습니다.

아빠가 시골에서 할머니가 옳고 그름의 기준이 없이 허용적인 양육을 하다 보니 훈육이 이루어지지 않아 어려움이 많다는 소식을 전해왔습니다. 본인도 이혼은 아니나 별거를 선택하였다고 합니다.

아이는 한 인격체로 존중받고 사랑과 소속의 욕구가 채워질 때 재능과 소질을 드러내며 원하는 삶을 향해 발돋움할 수 있습니다. 엄마는 마음의 고향이며 따뜻한 아랫목처럼 언제나 심신을 누일 수 있는 자리라고 믿어져야 행복한 마음으로 어려움을 이길 것입니다. 그런데 엄마가 조건을 따지고 말을 잘 들을 때만 칭찬하고 그렇지 않을 때는 공포와 위협을 가한다면 부모와 자녀 관계가 오히려 원수 같이 여겨져서 가장 무서운 관계가 되고 맙니다.

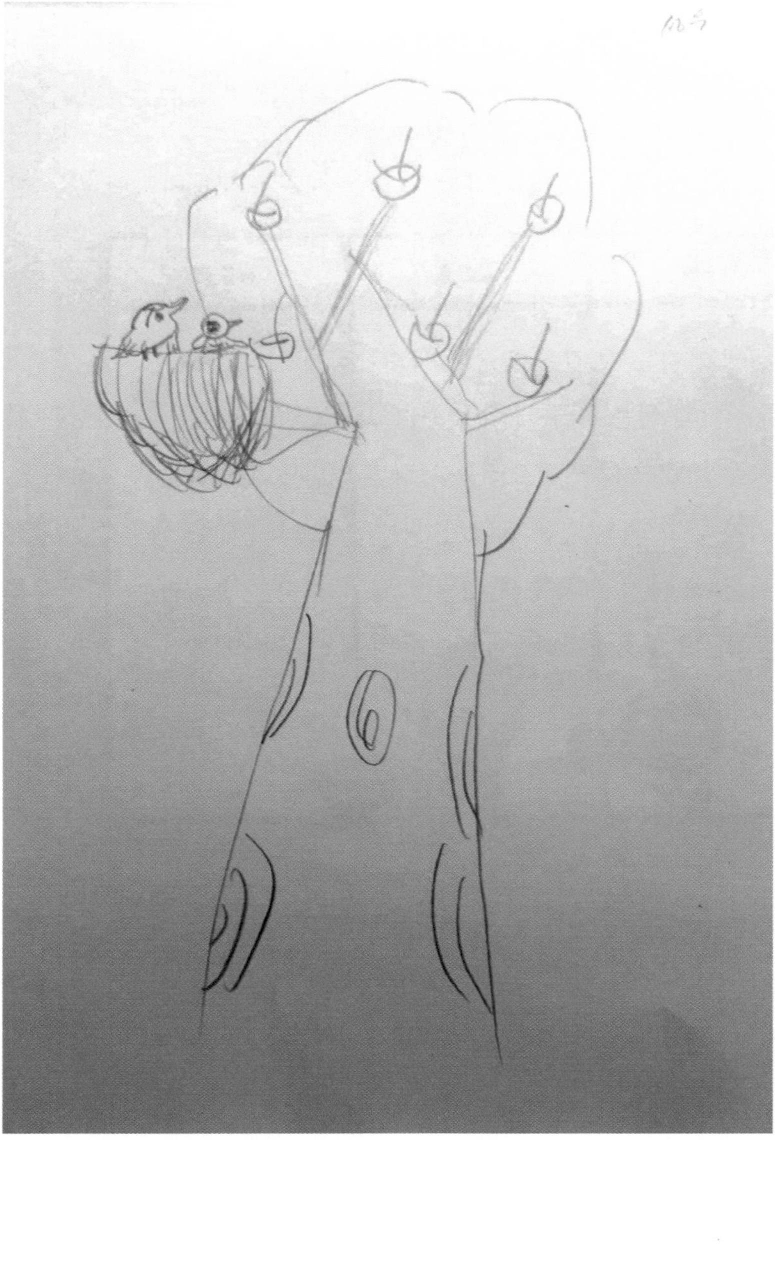

엄마가 좋은 세계 안에서 좋은 사진으로 저장될 때 아이는 행복한 사람이 됩니다. 그래야 엄마가 좋아하는 사진과 아이가 좋아하는 사진이 일치하여 같은 방향을 바라보고 꿈을 찾아갈 수 있습니다. 엄마와 좋은 그림을 나눌 수 없는 사람은 모래바람이 있는 황량한 사막에 눈을 뜨지 못하며 힘든 걸음을 옮기는 나그네 같은 심정이 아닐까요? 가도 가도 방향이 보이지 않고 더욱더 깊은 수렁에 빠지는 것 같은 고통에 사로잡히게 될 것입니다.

사랑의 샘은 퍼줄 때 더 넘쳐나고 생명력이 있습니다. 사랑의 샘물을 퍼내지 않고 받으려는 욕망만 있다면 흙탕물로 부패하여 악취가 나고 샘의 원천이 막힙니다. 결국, 그 주변은 생수를 공급받지 못해 메마르다 못해 생기를 잃어갈 수밖에 없습니다. 사랑은 줄 때 더 행복합니다. 성우 엄마는 아직 주는 기쁨을 발견하지 못했나 봅니다.

빗속의 사람 그림

- 빗속의 사람 그림은 스트레스와 스트레스 대처방식을 보는 검사
- 비, 구름, 웅덩이, 번개 등이 스트레스를 나타내며 우산, 비옷, 보호물, 장화, 얼굴표정, 인물의 크기, 인물의 위치 등은 스트레스 대처자원으로 봄.
- 인물상이 비옷과 장화를 신고 있고 우산을 쓰거나 건물이나 나무 밑 등 보호물 속에 있다면 그리고 인물상의 크기가 크고 표정이 밝고 웃는다면 또한 인물상이 중앙에 있다면 대처자원을 잘 사용한다고 할 수 있음.

새둥지화

- 새둥지화는 애착이론과 '새둥지'라는 매개를 접목한 그림 검사.
- 학교현장이나 임상장면에서 쉽게 사용함.
- 새둥지화는 가족문제와 개인의 정서, 행동문제와 많은 관련성이 있음을 제시해줌.
- 애착유형에 따른 양육 스트레스를 보기 위해 실시함.

※ 그림검사에 대하여 더 알고 싶으면 <미술치료기법>(최외선 외, 학지사)이나 <미술치료사를 위한 심리검사>(임세라 외, 이담북스)를 읽어보시기 바랍니다.

05

부모가 자녀에 대하여 가진 사진

부모와 자녀는 서로 잘 지내고 싶어 합니다. 한편 자녀는 자기 나름대로 옳다고 느끼는 것을 마음대로 하고 싶어 합니다. 부모도 어릴 때는 그랬으니까요. 부모와 자녀가 서로 원하는 부분이 다를 때 부모가 자녀를 얼마나 허용해줄 것인지의 문제로 갈등이 생깁니다. 부모가 자녀에 대하여 '내 아이만은 특별해야 해!'라는 생각을 가질 때 아이를 통제하게 되고, 아이는 도망하게 됩니다. 자녀가 원하는 삶에 대하여 살펴보도록 하겠습니다.

부모가 자녀에 대해 박사, 변호사, 교수, 장관, 연예인 등 너무 높은 수준의 사람이 되기를 바란다면, 자녀에게 목표를 이루도록 강요하게 될 것입니다. 그런데 자녀가 그런 사람이 되기를 원하지 않는다면, 자녀는 부모로부터 도망갈 수밖에 없습니다.

자녀는 자신만의 욕구와 바람을 충족시키려는 목표가 있습니다. 너무 많은 부모가 자녀와 싸워 이기려고 합니다. 그러나 화를 내고 갈등해도 이기는 사람이 없습니다. 오히려 사랑과 관심보다 비난과 갈등이란 틈을 만들어버립니다.

부모는 자녀를 사랑하기 때문에 '내가 이렇게 지도하지 않으면 잘못될지도 몰라!', '아주 하찮은 사람이 되면 어쩌지?'라는 염려를 하면서 통제하며 강제력을 사용합니다. 그러나 이것은 오히려 방해가 됩니다.

자녀는 자신이 원하는 삶의 방법과 목표대로 살아갈 때 훨씬 행복합니다. 그러므로 자녀가 자신이 원하는 것을 선택할 수 있는 사람으로 성장하도록 기회를 주고 안내하는 것이 중요합니다.

자녀가 어떤 사람이 되고 싶은가는 자녀의 머릿속 사진에 따라 다를 것입니다. 그러므로 자녀의 머릿속에 부모와 함께 좋았던 사진이 저장될 수 있도록 하는 것이 우선적인 일입니다. 자녀를 양육할 때 애정과 사랑으로 키웠던 모습이 자녀의 좋은 세계에 저장된다면 평생 그 모습으로 기억하고 안심할 것입니다.

부모들은 '벌'과 '위협'으로 자녀를 변화시킬 수 있다고 착각합니다. 자녀의 머릿속에 부모가 욕구를 채워주는 사람으로 남아 있지 않다면 무관심과 저항으로 머릿속에서 빼어버릴지도 모릅니다. 그러면 부모가 원하는 것이 무엇인지 관심을 두지 않고 들으려고도 하지 않습니다. 성능 좋은 헤드폰을 내면에 장착하여 전혀 듣지 않습니다. 그래야 자신이 살아나갈 힘이 생깁니다. 과도한 간섭과 잔소리에 자신의 내면이 견딜 힘을 잃었기 때문입니다.

지금이라도 부모와 자녀 관계가 좋지 않다면 머릿속 사진을 바꾸는 것이 필요합니다. 여행, 산책, 영화 등 서로의 욕구와 바람이 충족되는 활동을 통해 사진을 바꾸어야 합니다.

자녀들이 부모를 너무 통제하려 하면 관계가 깨어지고, 유능한 부모가 될 수 없습니다. 자녀를 너무 통제하려 하면 유능한 자녀가 되지 못합니다. 자녀와의 관계에서 가장 어려운 문제는 자녀와 원만하게 지내면서 각자의 사진을 어떻게 충족할 것인가의 문제입니다.

예를 들어 자녀는 놀기를 원하고 부모는 숙제하기를 원한다면 부모는 '자녀를 위해서'라는 명분으로 자녀를 통제하려 합니다. 여기서 중요한 것은 자녀를 내버려 두고 부모 역할을 포기하라는 것이 아니라 자녀를 통제하지 않으면서 스스로 선택할 수 있도록 하는 데 초점을 두는 것입니다.

자녀가 원하는 것과 부모가 원하는 것이 무엇인지를 서로 충분히 이야기로 풀 수 있어야 한다는 말입니다. 부모 자녀 관계가 좋으면 얼마든지 서로의 바람을 의논하면서 타협하고 협상할 수 있습니다. 만일 관계가 좋지 않다면 아예 의논조차 하려고 하지 않을 것입니다.

그러므로 부모가 무엇을, 왜 원하는지를 자녀에게 상세하고도, 차분하게 설명할 수 있는 능력이 필요합니다. 부모가 권위적으로 대하는 것이 아니라 친구와 의논하듯 다가가면 서로에게 꼭 필요한 결정이 이루어질 수 있습니다.

부모는 자신의 머릿속에 있는 사진에 고집하지 말고 자녀들이 도움을 요청하면 언제나 품에 안아 들고 아이의 말에 귀를 기울일 수 있는 모습이 되어야 합니다.

※선택이론과 자녀양육에 대하여 더 알고 싶다면 <선택이론 행복의 심리>(윌리암 글라써 저, 김인자 우애령 역, 한국심리상담연구소)를 읽어보시기 바랍니다.

06

나 때문에 아빠가 이혼한 거예요?

결혼해서 살다가 서로의 이상이 맞지 않으면 이혼할 수 있습니다. 그런데 그 이혼이 어린 자녀의 생각에 자신 때문이라고 여기고 죄책감을 갖게 된다면 슬픈 일입니다. 엄마가 될 준비를 미처 하지 못한 엄마로 인해 아픔을 겪는 서원이 이야기를 통해 엄마의 모습은 어떠해야 하는가를 이야기하려 합니다.

초등 6학년인 서원이는 DAS 그림 검사를 했습니다. DAS 그림 검사는 14개의 이미지를 제시하고 그중에서 두 가지를 골라 이야기를 만드는 것입니다.

제시된 DAS이미지에서 여성과 칼을 골라내어 여성의 몸 옆구리에 칼로 찌르는 그림을 그렸고, 바로 이어서 칼을 향해 교정부

호 중 삭제를 표시하는 스프링을 그려놓았습니다. 자신이 칼을 들어 죽으려다 생각해보니 아빠가 혼자서 자신을 키우느라 엄청나게 고생했는데 그러면 안 되겠다는 생각이 들어서 칼을 버렸다고 말합니다. 그 말을 듣는 순간 가슴이 "쿵" 소리를 냅니다.

한 달에 한 번 만나는 엄마가 약속을 지키지 않아 화가 난다고 말합니다. 말로는 원하는 것은 무엇이든지 다 해준다고 하지만, 실제 해주지는 않고, 엄마 말을 잘 듣게 하려고 미끼를 던지는 것 같다고 울먹입니다. 엄마가 "나를 사랑하는 줄 알았는데 그게 아니었던 것 같아요"라고 하면서 눈물이 그렁그렁 맺힙니다. 엄마의 사랑을 의심하는 서원이를 바라보는 게 참 아팠습니다.

엄마에게 마음껏 사랑을 받고 싶어 한 달 내내 기다렸다가 달려갔는데 오히려 엄마를 만나고 돌아오면 더 시무룩하고, 더 우울해지는 손녀를 보고 할머니는 당황스럽습니다.

서원이는 할머니와 아빠가 자신을 사랑하지만, 사사건건 간섭하는 것 같아 엄마에게서 위로받고, 사랑받고 싶었다고 합니다. 자신이 무언가 하고 싶은 일이 많은데 아빠와 할머니가 안 들어주니까 엄마에게 기대고 싶었다고 합니다. 그런데 오히려 엄마라는 지지대는 무너졌습니다. 소속, 사랑의 욕구나, 힘과 성취의 욕구 등 심리적인 욕구가 좌절된 상황입니다. 서원이 표현에 의하면 커다란 해일이 밀려와서 도망쳐야 하는데 그물에 걸려서 꼼짝달싹할

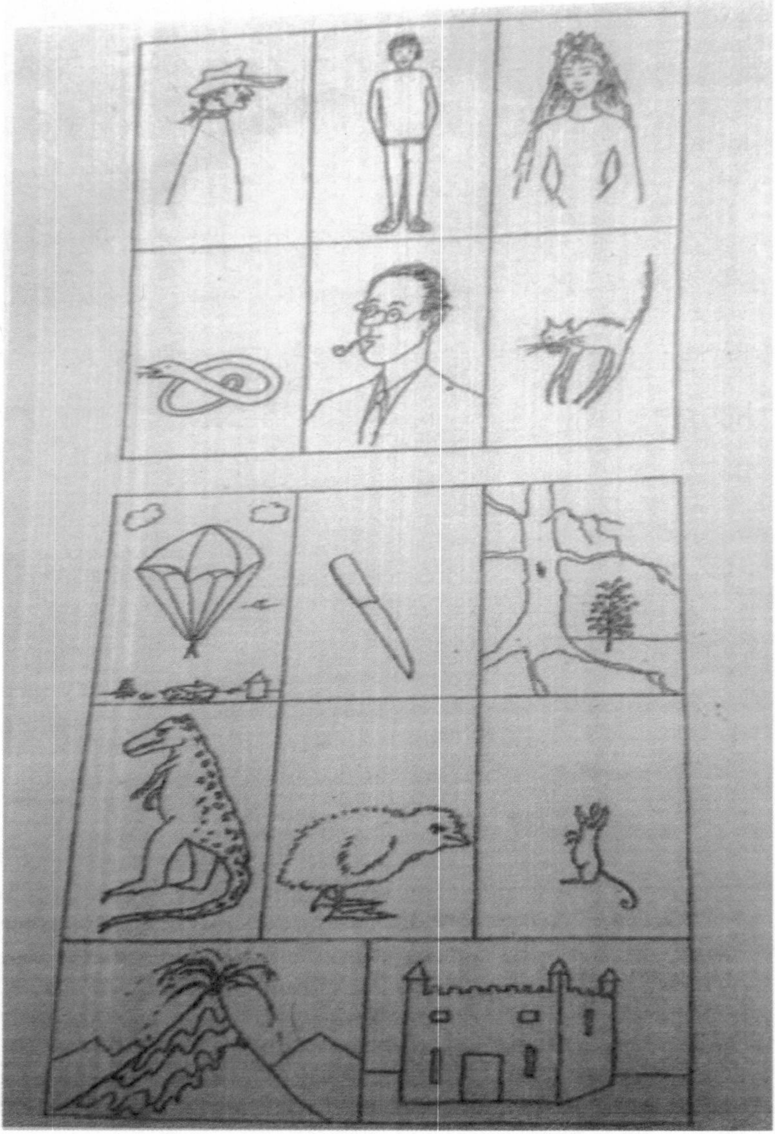

수 없고 아무 데도 피할 곳이 없다고 합니다.

어린아이들은 발달과제마다 성취한 경험에 대하여 애정과 지지로 인정을 받아야 성취 욕구와 즐거움의 욕구가 채워지면서 학습과 성장이 일어납니다. 행복한 사진들이 사진첩 안에 많을수록 어두운 밤길의 가로등 같은 역할을 합니다.

서원이의 친한 친구가 시골로 전학을 가서 허전한 상태입니다. 곧 중학생이 되는데 새로운 친구가 없으면 어쩌나 하는 불안, 공부를 못하면 어쩌나 하는 불안 등이 현재 자신의 존재 불안에 더하여 겹쳐진 상황입니다. 사실 오지 않은 미래에 대한 불안감은 허상이며 사춘기 소녀에겐 누구에게나 있을 수 있는 일인데 그것을 의논하며 나눌 대상이 없습니다. 할머니나 아빠는 마음을 알아주기보다 훈계와 충고만 하기 때문에 아예 입을 닫는다고 합니다.

엄마가 서원이에게 "너 가졌을 때 너를 낳지 말라고 했는데 내가 너를 낳았다"라고 해서 충격을 받았지만, 아빠나 할머니가 걱정할까 봐 모르는 척하고 있답니다.

친엄마가 "너는 이 땅에 없을 수도 있는데 내가 인심 써서 낳았어"라는 투로 말한 것에 화가 치밀어 오릅니다. "낳지 말라면 낳지 말지, 왜 낳아놓고 버려두고 나갔어? 낳았으면 잘 키워야지!"라고 말하고 싶지만, 엄마가 자신을 예뻐해 주지 않을까 봐, 차마 그 말을 못 했다고 합니다.

서원이는 그 마음을 표현하지 못하고 바윗덩이 같은 무게감에 짓눌려 고통스럽습니다. 존재가 부정당하는 것만큼 슬픈 일이 없습니다. 서원이는 엄마에게 사랑을 받지 못하게 될까 봐 걱정하며 아이다움을 점점 잃어갑니다.

서원이가 그린 풍경구성화*(L.M.T: Land scape Montage Technique : 강, 산, 밭, 길, 집, 나무, 사람, 꽃, 동물, 돌을 순서대로 부르면 풍경을 구성하여 그림)*속에는 큰 곰과 커다란 바윗덩어리가 길을 막고 있습니다. 마음 가득 안고 있는 짐 덩어리 같은 불안과 두려움의 표현입니다.

서원이 부모는 대학생 초기에 아이를 먼저 갖게 되어 결혼했지만, 여러모로 미숙한 엄마였나 봅니다. 부모 양쪽에서 서로 감정이 격해지면 아이를 담보로 서로 폭로하겠다고 위협을 하다가 엄마가 먼저 폭탄을 던졌습니다.

자신의 생존에 기여한 엄마와의 관계가 어떠한가에 따라 삶이 달라집니다. 나도 엄마에 대한 불편함으로 인생 전반을 힘들게 살다가 상담자가 되어 그 심정을 이해할 수 있게 되었습니다. 나의 경험을 들려주면서 하고 싶은 일이 무엇인지, 꿈 노트를 작성하며 이야기를 나눕니다. 미래의 나는 어떤 모습일까 시나리오를 써서 낭독하고, 전지에 아빠와 할머니와 함께 그림을 그리면서 꿈을 나눠보기도 합니다.

다양한 활동으로 자기표현을 하면서 겉으로는 웃고 농담을 하지만 언뜻언뜻 슬픔이 묻어나는 서원이를 볼 때마다 나의 어린 시절이 떠오릅니다. 할 수만 있다면 그 빈 마음에 '내가 진짜 엄마라면'하는 생각으로 다가가도 힘이 부족합니다.

이 사례를 들고 지도교수를 만나 슈퍼비전을 받으면 그저 엄마 역할에 충실해야 한다고 권면합니다. 실제 엄마가 될 수는 없으나 엄마가 채워주어야 할 그 부분을 언제나 변함없이 따뜻함으로 받아주라는 의미입니다. 엄마 역할을 대신해줄 수 있는 힘을 끌어올리기 위해 끊임없이 성찰하며 수련하고 다듬으면서 내 안에 숨겨진 가시를 빼내려고 눈물겨운 사투를 벌이는 시간이 늘어납니다.

서원이를 만나면서 엄마의 모습은 어떠해야 하는가에 대하여 깊이 생각하게 되었고 한층 더 성장한 마음이 듭니다.

DAS (Drawing A Story) 그림 검사

- DAS 그림 검사는 이미지 14가지 중에서 두 가지를 골라 그림을 완성한 후 상상한 이야기를 나누면서 내면을 탐색하는데 주로 우울과 공격성을 알아보는 그림 검사입니다.

07

친구들을 밀치고 꼬집고 할퀴는 수영이

우리는 각자 마음속에 아름답고 행복한 그림 혹은 무섭고 어두운 그림들을 가지고 있습니다. 좋은 그림이 생각날 때는 즐겁지만 무서운 그림이 생각나면 저 밑바닥에 억압해서 가두어 둡니다. 가장 아름다운 추억으로, 사랑받는 그림으로 채워져야 할 수영이가 얼마나 무서운 그림으로 채워져 있었는지, 그리고 그 무서운 그림이 얼마나 아름다운 이야기로 달라졌는지 나누려고 합니다.

엄마 손을 잡고 온 수영이는 9살 나이에 비해 키가 작았습니다. 불안한 눈동자를 이리저리 굴리더니 데스크톱이 있는 책상 앞으로 달려갑니다. “안돼! 이리 와!” 엄마는 큰소리로 야단부터 칩니다.

수영이는 친구들이 쳐다보면 달려들어 할퀴고 꼬집는다고 합니다. 그런데 보기에는 무척 밝고 신이 나 보입니다. 그날부터 수영이는 나의 친구가 되었습니다.

수영이는 10분의 유튜브 시청 보너스 약속을 받고 엉덩이를 들썩이며 침을 튀겨가면서 질문에 답을 하고 그림을 그립니다. 미술심리기법에서 사용하는 그림들은 아이들의 마음을 적절하게 표현합니다. 빗속의 사람 그림*(PITR ; Person In The Rain)* 검사는 스트레스와 스트레스에 대응하는 방식을 보여줍니다. 새둥지화는 가족문제나 정서상태를 나타냅니다. 난화는 낙서처럼 생각나는 대로 그린 선이나 면 안에서 이미지를 찾아 그림을 완성하는 것으로 숨겨진 마음이 드러납니다.

수영이의 빗속의 사람 그림은 비옷이나 우산도 쓰지 않고 얼굴에 비를 다 맞으며 슬픈 표정으로 자신의 몸만큼 큰 가방을 든 채 걸어갑니다.

새둥지화는 사선처럼 기울어진 전봇대 위에 새둥지가 걸쳐져 있어서 금방이라도 떨어질 것처럼 보이고 두 마리의 새가 오들오들 떱니다. 입을 벌리고 혀를 날름거리는 악어새가 금방이라도 달려들 듯이 쳐다보고 있기 때문입니다. 위쪽에는 야구 방망이가 그려져 있고, 아래쪽 땅바닥에는 기다란 몸을 가진 악어가 커다란 입을 벌려 이빨과 혀를 드러내고 있습니다.

난화에는 우주선의 왼쪽 바퀴를 붙잡은 손과 우주선 전체를 커다란 갈고리가 얽어매고 있고 비행사는 우주선 밖에 쪼그려 앉아 웁니다. 우주선을 타고 떠나고 싶어도 수영이가 떠나면 엄마가 슬플까 봐 차마 떠나지 못하고, 우주선 밖에서 울고 있다고 합니다. 수영이의 내면이 얼마나 불안하고 슬픈지를 한 장의 그림으로 바로 알 수 있습니다.

가장 안전지대라 여겼던 아빠에게 심하게 야단을 맞거나 매를 맞을 때 수영이 마음이 어땠을까요? 뾰족한 얼음이 담긴 욕조에 발가벗겨져 고문을 당하는 것과 같지 않았을까요? 물론 아빠는 훈육의 목적으로 한 것이라 하겠지만 당하는 아이는 얼마나 무서웠을까요? 원로배우 김혜자 씨는 아이들을 "꽃으로도 때리지 말라"고 했어요.

아빠랑 약속한 게임 시간이 한 시간이었는데 3시간이 넘어가니 화가 났을 겁니다. 엄마는 출근했고 아빠는 새벽에 일하고 일찍 귀가하는 직업이라 수영이와 함께 있는 시간이 많았습니다. 처음에는 말로 타이르고 큰소리로 야단을 쳐도 듣지 않으니 손이 올라갔겠죠. 체벌이 반복되면서 수영이는 아빠에게는 힘으로 저항할 수 없지만, 친구들에게는 꼬집고 할퀴는 방법으로 먼저 공격하면서 자신을 보호하려 했던 것입니다.

수영이에게 클레이로 가족을 만들어 보라고 하자, 엄마랑 형은 아주 예쁘게 잘 만들어 놓았습니다. 아빠를 만들기 위해 클레이를 뭉쳐서 동그랗게 빚었다가 다시 주물러 터뜨립니다. 또다시 동그랗게 만들었다가 패대기를 치며 집어 던집니다. 그 작은 손으로 꼬집고, 찌르고, 주물럭거리면서 괴로워하는 모습이 참으로 측은합니다.

빈 의자를 놓고 "수영아, 여기에 아빠가 앉아 있다면 어떻게 하고 싶은지 해볼 수 있겠어?"라고 하자 마구마구 때립니다. 그 조그만 주먹을 있는 힘을 다해 움켜쥐고 사정없이 의자의 쿠션을 내려칩니다. 발로 차기도 합니다. 한참을 때리며 치고받더니 "어휴,

시원하네!" 하면서 소파에 벌러덩 눕습니다.

어느 날 수영이가 엄마에게 "엄마는 왜 선생님처럼 말하지 않아요?"라고 물었답니다. 엄마 아빠가 자신에게 걸림돌로 훈계하고 위협하는 말과 상담사가 사용하는 말이 다르다는 것을 알게 된 것입니다.

매주 과제는 아빠와 '놀러 가기'입니다. 자전거 타기, 수영하기, 계곡에 물놀이 가기 등등...

수영이 부모는 휴일 하루를 온전히 비워서 종일토록 반영적 경청과 나전달법(P.E.T)을 훈련했습니다. 부모가 사용하는 말이 달라져야 아이가 안심하기 때문입니다. 상담실에서 1주일에 한 번 만나는 것으로 아이가 온전히 회복되기는 어렵습니다.

"수영아 게임을 더 하고 싶은데 그만하라고 하니까 참 힘들지?"
"네, 이거 너무 재밌어요. 조금만 더 하면 안 될까요?"
"그럼 시간을 얼마나 더 주면 좋을까?"

이러한 협상을 시도조차 하지 않은 채 "그만해! 이제 숙제해야지, 아빠 말 안 들려?" 이런 지시형으로 위협하면서 감정을 자극하면 아이는 자신도 모르게 저항감이 생기고 하지 말라는 것을 하면서 회피하게 됩니다.

이때 단지 수영이 마음을 알아주는 반영적 경청으로 공감해주고, 아빠가 원하는 바를 나전달법으로 표현하기만 하면 되는데 수영이와 부모는 그렇게 대응하는 방식에서 서툴렀던 것입니다.

아빠와 자전거를 타고, 유원지에서 놀다 온 후 클레이로 아빠를 다시 만들 때는 "어휴, 그래도 나랑 놀아주고 맛있는 것도 사줬으니까 만들어 볼까!"라며 엄마 옆에 만들어 붙입니다.

수영이의 소원은 엄마 아빠가 싸우지 않는 것이었어요. 왜냐하면, 아빠와 엄마가 싸우다가 헤어지면 안전지대가 없어질 것 같은 불안감이 생기고, 체벌로 자신의 존재감이 사라질까 봐 두려웠던 것입니다.

수영이는 엄마 아빠가 대화법 훈련으로 좋은 말을 사용하며 사이좋은 모습으로 변하고 자신에게도 마음을 알아주는 말을 사용하자 원래의 아이다움을 회복했습니다. 초등 2학년의 쾌활한 아이가 되어 멀리서 나를 보면 "선생님!"하고 달려옵니다.

이제 더 이상 게임을 하는 행동으로 회피하거나 친구들을 할퀴고 꼬집는 행동을 하지 않아도 될 만큼 당당함과 안전감을 얻게 되었습니다.

수영이는 자신의 존재감이 사라질 것 같은 위험에 직면하여 역기능 행동을 선택하였으나 부모가 싸움을 하지 않고 좋은 말을 사용하자 안심하기 시작한 것입니다. 자신의 안전지대인 부모가 회복되자 자신이 하고 싶은 일을 찾아 즐겁게 공부하면서 학습 성취감도 높아지고 키도, 마음도 자랄 수 있었습니다.

보통의 가족이 가장 무섭다

2장

chapter. two

왜 그런 행동을 하는지 알고 있나요?

가장 가깝고 친밀해야 할 가족 간에 함부로 힘을 행사하고
서로를 통제하려는 속성이 누구에게나 있을 수 있습니다.
왜냐하면, 가장 편안한 관계이기 때문입니다.
그래서 보통의 가족이 가장 무섭다고 하는 것이지요.

01

사람은 누구나 기본적인 욕구를 충족하려고 행동합니다

우리는 아침부터 저녁까지 끊임없이 행동을 합니다. 매슬로*(Maslow)*는 인간의 욕구를 5단계로 설명했고 이를 바탕으로 윌리암 글라써는 인간의 기본욕구를 생존, 소속과 사랑, 힘과 성취, 자유, 즐거움의 욕구 등 다섯 가지로 설정했습니다. 인간의 모든 행동, 즉 습관적으로 하는 여러 가지 행동들이 기본적인 욕구를 충족하기 위해 하는 것이라고 설명합니다. 이에 대하여 간단히 살펴보도록 하겠습니다.

상담 치료마다 방법론을 말하는 심리학이 있는데 현실치료상담은 선택이론을 바탕으로 합니다. 선택이론은 모든 생물이 왜, 어떻게 행동하는지를 설명할 때 외부의 자극 반응 이론을 취하기보다 내적인 동기에 의해 이루어진다고 봅니다. 따라서 어떤 행동이든 우리 자신이 선택한 것이기 때문에 이 선택에 대한 책임을 져야 한다고 말합니다. 선택이론의 핵심인 기본적인 욕구는 자동차의 엔진과 같이 사람을 움직이게 하는 힘이라고 말합니다.

인간은 자신의 욕구를 채우면서도 타인의 욕구를 방해하지 않는 통제력을 갖기 위해 배움과 학습이 필요합니다. 다섯 가지 기본적인 욕구는 다음과 같습니다.

첫째, 생존 욕구*(Survival Need)*는 생명을 유지하고 생식을 통해 종족을 보존하려는 속성을 의미하며 유전인자를 통해 삶에 대한 청사진을 가지고 있습니다. 생물학적 지시들은 자동으로 행해지는 호흡, 땀, 소화, 혈압조절 등 신체를 움직이는 생리적 작용을 하면서 일상생활을 유지하게 합니다.

둘째, 사랑과 소속의 욕구*(Love & Belonging Need)*는 사랑하고, 사랑받으며 협력하고자 하는 속성으로 우정, 협동, 배려, 신뢰, 연결하기 등을 의미합니다. 친구를 사귀고, 가족을 만들며, 집단에 소속되고 싶은 욕구를 의미합니다.

셋째, 힘과 성취의 욕구*(Power Need)*는 경쟁하고, 성취하며 중요한 존재가 되고 싶어 하는 속성입니다. 존경, 성취, 용기, 능력, 투쟁 등은 유전인자에 들어 있는 특성입니다. 다른 피조물과 달리 인간은 힘을 위해 투쟁하고 성취 욕구를 끝까지 포기하지 않는 특징이 있습니다. 간혹 힘에 대한 욕구와 사랑과 소속에 대한 욕구가 충돌하기도 합니다. 자격증을 따거나 학위를 갖는 것도 이 욕구에 포함됩니다.

넷째, 자유의 욕구*(Freedom Need)*는 이동이나 선택, 혹은 표현을 마음대로 하고 싶어 하는 속성입니다. 선택, 창의성, 독립성, 자율성, 유연성 등의 특징이 있고 자신의 욕구 충족을 위해 타인의 욕구 충족을 방해하지 않도록 해야 합니다.

다섯째, 즐거움의 욕구*(Fun Need)*는 많은 것을 배우고 놀이를 통해 즐기고자 하는 속성을 말합니다. 즐거움, 오락, 배움, 웃음, 탐색 등의 특징이 있으며 학습이 즐거움의 욕구를 채우는 중요한 활동입니다. 즐거움을 추구하는 방식은 대체로 재미있는 사람들과 함께 노는 것을 의미하는데 생존이나 소속 혹은 힘의 욕구와 충돌할 수 있습니다.

다섯 가지 기본욕구 중 생존 욕구는 신체적인 욕구로서 살아 있어야만 나머지 심리적인 욕구 네 가지를 채울 수 있기 때문에 생존 욕구가 더 기본적인 욕구로 보일 수 있습니다. 그러나 죽음으로써 생존을 포기하고 순교하거나 신념을 위해 목숨을 내놓는 것을 보면 꼭 그렇지도 않습니다. 다섯 손가락이 모양은 다르지만, 그 기능이 어울려야 하듯이 인간의 욕구도 고르게 충족되어야 몸과 마음이 건강한 삶을 이룰 수 있습니다.

한 가지 일에 한 가지 욕구만 충족되는 것이 아니라, 가족과 외식을 하거나 여행을 하면 소속 사랑의 욕구, 즐거움과 자유의 욕구, 생존 욕구 등이 충족됩니다. 자신이 열심히 일해서 번 돈으로 여행을 간다면 힘과 성취의 욕구도 충족될 수 있습니다. 이처럼 욕구는 개별적이라기보다 복합적인 작용을 합니다.

욕구 간의 관계를 적절히 표현하는 것이 의자입니다. 의자에 앉는 부분을 생존 욕구로 보고, 나머지 네 개의 다리를 심리적인 욕구로 봅니다. 네 개의 다리가 균일하게 맞아야 의자가 편안해지듯이 욕구 간의 균형적인 충족이 필요합니다.

기본적인 욕구는 일반적이며 보편적인 특징, 또한 중립적이며 강도가 다양하고 순간순간 끊임없이 충족되어야 하는 특징이 있는데 살기 위해 끊임없이 뭔가 움직이고 힘을 쏟는 상태를 의미합니다.

효율적인 삶은 과거의 경험에 의해 이루어지는 것이 아니라, 현재 원하는 것을 얻을 때 가능하다고 볼 수 있습니다. 따라서 자살행동을 하는 사람은 심리적 욕구가 하나도 충족되지 않았지만 자신의 생명을 파괴하는 행위로 성취의 욕구를 충족한다는 착각을 합니다.

살아낼 수 있는 힘은 생존 욕구 외에 최소한 한가지 혹은 그 이상의 심리적인 욕구가 충족되어야 하므로 매 순간 각각의 욕구를 어떻게 충족할 것인지, 효율적인 선택은 무엇인지 생각해보는 것이 중요합니다.

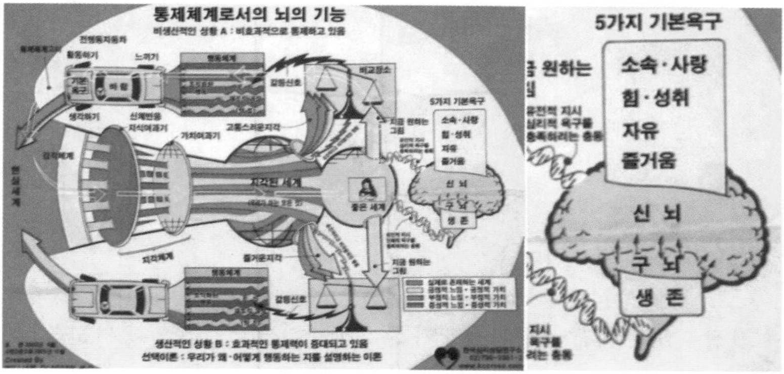

※ 욕구와 관련하여 더 알고 싶다면 <당신의 삶은 누가 통제하는가>(윌리암 글라써, 김인자, 홍미혜 역, 한국심리상담연구소)를 읽어보시기 바랍니다.

02

초등 5학년 아들의 대변 뒤처리 요구에 지쳐 오피스텔로 도피한 엄마

가장 가깝고 친밀해야 할 가족 간에 함부로 힘을 행사하고 서로를 통제하려는 속성이 누구에게나 있을 수 있습니다. 왜냐하면, 가장 편안한 관계이기 때문입니다. 그래서 보통의 가족이 가장 무섭다고 하는 것이지요. 건강한 가족이 되기 위해서는 더욱 각자의 욕구와 바람을 살펴보고 서로의 다름을 인정할 수 있어야 합니다. 대변 뒤처리를 요구하며 엄마를 통제하는 아들을 엄마가 어떻게 대처해 나가는지 알아보도록 하겠습니다.

아이들은 처음 태어나서 제일 먼저 대면한 사람이 엄마이기 때문에 엄마를 통해 세상을 경험합니다. 그때 아기가 엄마를 조종하는 방법이 처음에는 울음이지만 발달과정을 거치는 동안 웃음이 엄마를 통제하는데 효율적임을 알게 되죠. 그러나 성장 시기마다 발달과제에 대한 피드백이 없으면 과도한 요구가 생기게 되고, 엄마를 통제하기 위한 기발한 방법들을 찾기 시작합니다.

어려서부터 너무 허용적으로 양육하면 엄마를 어떻게 통제할 수 있는 지 그 비법을 터득해 나갑니다. 미선 씨 아들도 화장실에서 대변을 보고 뒤처리를 해달라고 엄마를 부르고, 듣지 않으면 엄마를 때리는 폭력까지 행사합니다. 유난이 얼굴이 하얗고 핏기가 없어 무기력한 모습으로 찾아온 미선 씨는 초등 5학년 아들의 통제에 못 이겨 오피스텔로 도피하여 혼자 거주하고 있다고 합니다.

나무를 그린 자아 강도 그림 검사를 보면 자아가 견고하지 못해서 나무뿌리가 다 드러나 있고 빗속에서 우산을 혼자만 쓰고 있는 점이 눈에 띕니다. 아들을 벗어나서 혼자 나올 수밖에 없는 상황을 보여줍니다.

민주적인 부모 자녀 관계가 되는 것이 가장 바람직한 모습인데 그렇지 못하면 어려움이 많습니다. 대부분 부모는 자녀에게 권위적인 모습을 보입니다. 강제력을 사용하기도 하고 상벌 교육이나 힘을 사용하기도 합니다. 훈계라는 이름의 걸림돌도 사용합니다. 이때 아이는 힘에 눌려서 지는 위치가 되고 부모가 이기는 위치에 있게 됩니다.

실제 권위라는 말은 선한 영향력을 주는 의미로써 사용되는 말입니다. '베네통' 하면 그 디자이너의 이름이 권위가 있어서 명품으로 인정받습니다. 그런데 군대에서 상명하복의 상태에서 발휘되는 권위는 때로 힘으로만 사용되기도 합니다. 강제하고 복종하게 하는 원리로서의 권위는 무조건적인 복종을 요구하기 때문에 당연히 상벌 교육의 폐해가 따라옵니다.

자녀들이 칭찬받는 일에 몰두하다 보면 자신이 무엇을 좋아하는지, 그 일을 잘할 수 있는지 알지 못합니다. 자신이 좋아하는 일을 찾아서 했을 때 성취감도 있고 즐거운 경험을 통해 학습이 이루어집니다. 엄마에게 칭찬받고 상 받는 일에 몰두하다 보면 주도적인 활동에서 얻는 행복은 맛보지 못할 것입니다.

토마스 고든*(Thomas Gordon)*은 권위적인 부모에 의한 강제적인 양육방법을 제1의 방법이라고 부릅니다. 그럼 제2의 방법은 무엇일까요? 바로 허용적인 부모에 의한 양육방법입니다. 자녀가 무엇을 요구하든 다 들어주는 방법이기 때문에 언제 어떤 상황에서 어떤 행동을 해야 하는지 분별이 되지 않아 문제가 생깁니다. 물론 창의성은 늘어나겠지만 부모가 패배함으로써 원망이 자녀에게 돌아갑니다.

예를 들면 백화점에서 몇십만 원짜리 장난감을 사달라고 생떼를 쓰면서 울면 대개의 부모는 창피해서 그 물건을 사주고 맙니다. 이때 그 아이는 자신이 원하는 대로 부모가 세심한 마음을 읽어 주고 애정과 지지를 보여주는 것이 아니라 물건으로 대체할 때 자신을 사랑하지 않는다는 것을 알고 실망합니다. 사랑을 원했는데 물건을 받게 되니 말입니다. 부모는 돈 잃고 자녀 마음도 잃게 되는 두 가지 손해를 봅니다.

뒤처리까지 요구하는 자녀는 엄마에게서 분리될까 봐 걱정되어 과도한 행동으로 엄마를 통제합니다. 학교에서 돌아오는 길목에서부터 큰 소리로 엄마를 부르기 시작하고 자신을 마중 나오라고 소리소리 지른답니다. 돌아올 시간에 없으면 난리를 치니까 외출도 자유롭게 못 하고 집에 와서도 무엇을 하든 엄마를 부른다는 거예요. 타일러도 보았고 야단도 쳐 보았지만, 아무 소용이 없었습니다. 미선 씨가 신경쇠약에 걸릴 지경이 되자, 남편의 권유로 방을 구해 따로 나왔습니다.

이때 부모는 어떤 방법을 사용하면 좋을까요? 먼저 아이가 떼를 쓸 수 있다는 것을 알고 그것이 창피한 일이 아님을 알아야 합니다. 그래야 차분하게 중심을 지키면서 아이와 대화를 시도할 수 있습니다. 자녀와 협상하고 대화하는 민주적인 양육방법인 제3의 방법을 사용해서 문제를 해결할 수 있습니다.

미선 씨도 이 방법을 적용하기 위해 먼저 의사소통 훈련을 받았습니다. 반영적 경청과 나 전달법으로 대화를 해야 지는 사람이 없이 서로 이길 수 있기 때문입니다. 엄마가 내적인 힘을 기르기 위해 부모 자녀 관계의 건강한 원리, 선택이론의 기본 개념, 미술심리 기법으로 치유의 시간을 가졌습니다. 한편 자녀에게 하고 싶은 말을 미리 연습해서 전하기 시작했습니다.

그 결과 미선 씨는 자신의 행동에 대하여 하나씩 되돌아보고 노트로 표시해가면서 아이에게 통제력을 뺏기게 된 것이 언제부터, 어떤 연유에서였는지 살펴보기 시작했습니다. 남편과 주말부부였기 때문에 자신의 외로움을 해소하기 위해 자녀를 속박하고 의지한 것이 원인이라는 것을 발견했습니다. 때마침 남편이 지방 근무를 마치고 집으로 돌아왔기 때문에 따로 살면서 방법을 찾을 기회를 얻었습니다.

건강한 가족이 되기 위해서는 각자의 욕구와 바람을 충족하는 방법이 서로 다름을 인정해야 합니다. 자녀가 어리다고 함부로 대할 수 있는 존재가 아닙니다. 온전하고 존엄한 인격체로 대우해야 합니다. 그래야 자신도 스스로를 인격적인 존재로 인정하며 타인과 인격적인 관계를 유지할 수 있습니다. 자녀는 부모의 행동을 보고 그대로 학습하기 때문입니다.

03

유치원생 아들이 말을 듣지 않아 미워 죽겠어요

부모가 된다는 것은 새로운 세계를 창조하는 것과 같다고 할까요? 전혀 모르던 인생의 길을 찾아내어 걸어가야 하기 때문입니다. 나도 처음에 엄마가 되는 것이 두려웠습니다. '과연 아이를 낳아서 잘 키울 수 있을까?' 무척 걱정이 되었습니다. 엄마가 무엇인지 제대로 가르침을 받은 적이 없었기 때문입니다. 커리어를 쌓고 직장에서는 성공했으나 자녀와의 관계에 서툰 엄마가 어떻게 성장해가는지 알아보도록 하겠습니다.

전문직에 종사하면서 지식도 있고, 생활도 안정되어 있지만, 자신을 통제하기 어렵고 자녀도 통제하기 어려울 때 무력감을 느낀다는 엄마가 찾아왔습니다. 특히 직장생활에서 상당한 인정을 받아 중간관리자로 올라가 이제 조금 여유를 찾으려 했는데 복병처럼 아들과 문제가 생겼습니다.

조직 안에서 상명하복의 문화에 익숙한 엄마는 자녀도 자신에게 그렇게 해주기를 바라는 마음이 있었나 봅니다. 유치원에 다니는 아들 진영이가 자신이 하라는 대로 하지 않자 화가 납니다. 아이는 그림 그리기를 좋아하고, 그림 그릴 때 행복합니다. 그런데 엄마는 영어학원에 빨리 가라고 야단칩니다.

내성적인 진영이는 크게 울지도 못하고 삐질삐질 훌쩍이며 키워준 외할머니만 찾습니다. 엄마는 그런 모습을 보면서 더욱 화가 나서 남자답지 못하다고 윽박지르며 야단을 친답니다. 울면서 말하는 모양새가 보기 싫어서 소리 지르는 자신의 모습이 속상해서 견딜 수가 없다고 합니다.

진영이 입장에서 할머니는 무조건 허용적인 분위기에서 사랑과 애정을 부어줬는데 엄마는 뭔가 조건과 규칙을 내세우고 훈계와 꾸중만 하니까 감정적으로 혼란이 옵니다.

칼라지노*(Color-Geno : 칼라로 가족의 색과 관계의 색을 표현함)*를 통한 심리적 거리 검사결과 아들*(빨강)*과 딸*(노랑)*은 모두 자신*(연두색)*의 거리와는 상당히 멀고, 남편*(곤색)*과 아들과 딸은 가까운 거리에 있는 모습을 보면서 가족 안에서 자신의 위치를 생각하고 심각한 표정을 짓습니다. 직장에 충실하긴 했으나 자녀들에게 세심한 애정

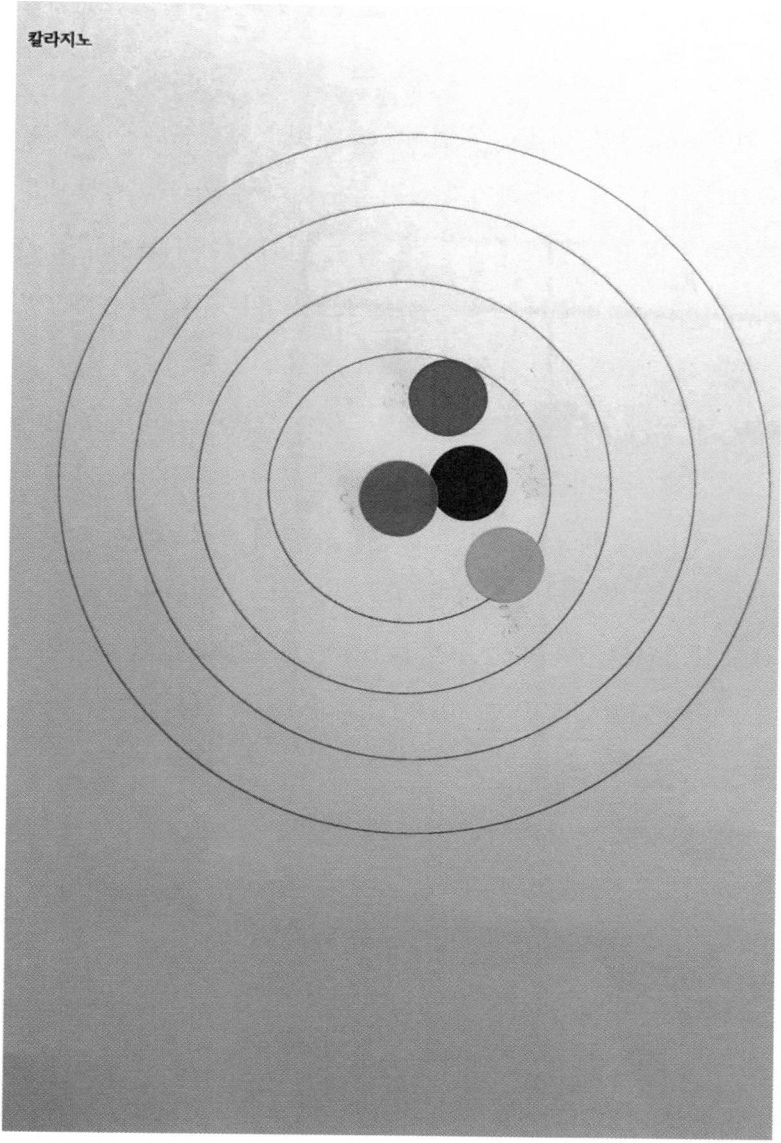
칼라지노

을 주지 못한 것과 부모 자녀 관계가 의무만으로 이루어지지 않음을 알고 당황합니다.

엄마로서 잘하고 싶고, 직업적으로 성취하고 싶은데 이에 따른 간격과 어려움을 해소하기가 쉽지 않습니다. 우리나라는 성 역할 구분이 심하고 여성에게 과부하를 주는 점이 많아 뒤늦게 여러 가지 지원방안을 마련해도 점점 저출산으로 가는 형편입니다.

자녀가 그림에 재능이 있으면 그 길에서 꿈을 펼치도록 하면 되는데 왜 굳이 공부를 강요할까요? 그것이 그 엄마만의 잘못된 생각일까요? 사회가 그것을 요구하도록 만들었던 측면을 누가 책임질 수 있나요? 아들이 좋아하고 잘하는 것에 초점을 두어도 이후 먹고 사는 일에 지장이 없다면 그렇게 공부와 스펙을 강요할까요? 사실 유치원생이면 아직 공부에 그리 힘쓰지 않아도 되련만, 강요하고 야단치면서까지 조기교육과 영어학습에 힘쓰는 것을 보면 아이들만 불쌍합니다.

본인은 좋은 엄마가 되고 싶다고 하지만 상황마다 자제가 안 되고 자신도 모르게 목에 핏대를 세우며 야단치고 있는 모습이 너무나 싫고 두렵다고 말합니다. 이 엄마는 자신의 현재 감정 상태를 파이 그림으로 그려보면서 어떤 감정이 주로 자신을 지배하는지 탐색해보았고, 언제 그런 감정이 드는지, 좋은 감정이 어떨 때 얼마만큼 유지되는지를 탐색하면서 좋은 감정을 유지하는 방법

행복
기쁨
성취

을 찾기 시작했습니다.

자신은 배드민턴을 칠 때 가장 행복하다고 말합니다. "그러면 아들은 무엇을 할 때 행복할까요?"라고 묻습니다.

비로소 아들도 좋아하는 일을 할 때 즐겁거나 행복하다는 것을 깨닫습니다. 아들은 아직 어리니까 엄마가 하라는 대로 했을 때가 가장 행복할 것이라는 생각을 갖고 있었답니다. 부모가 모든 것을 해줄 수 있고 가장 안전한 길을 제시함으로 애들은 부모 말만 잘 들으면 되는 것 아니냐는 생각을 가졌다는 것이지요. 자녀도 자녀 나름의 좋아하는 일, 행복한 일이 있을 거라는 것을 너무 늦게 알아차린 것입니다.

H.T.P 그림*(집, 나무, 사람)* 검사는 자신에 대한 이해와 자아 강도를 알아보는 검사입니다. 대학원 강의할 때 학생이 과제로 조사해온 사례 중에 초등 고학년 학생이 사람 그림 검사를 할 때 동그라미 두 개만 그리고 아무것도 그리지 않았습니다. 이유는 엄마가 다 해주기 때문에 팔, 다리 심지어 얼굴의 눈, 코, 귀, 입도 필요 없다고 말합니다. 이 아이는 엄마가 정해놓은 스케줄에 따라 고액 과외 선생이 집으로 찾아오고 있었다고 합니다. 이미 삶의 의욕과 의미를 잃어버리고 병리 현상 가까이로 들어선 사례로 볼 수 있습니다.

앞서 말한 진영이 엄마는 자신의 부족한 부분을 인식하고 위기의 강을 건너려고 애썼습니다. 먼저 자신이 화가 나서 힘들 때 거울을 보면서 자신에게 반영적 경청을 하는 방법을 익혔습니다. 아이에게 화가 나면 그 화를 분출하기 전에 화장실이나 화장대 앞에 앉아 자기 반영을 하는 것이 습관이 되자 감정 조절이 쉬워졌다고 합니다.

아이를 통제하고 싶을 때마다 스스로 자신의 마음을 읽어주었고 잘 안될 때는 오히려 그 자리를 피해서 자신이 좋아하는 운동을 하며 대처해 나가기 시작했습니다.

진영이 엄마가 적극적인 활동으로 반영적 경청과 나전달법을 사용하기 위해 훈련에 몰두하고 화가 나면 피하는 방법을 적용하면서 아이를 바라보는 시각과 태도가 달라졌습니다. 감정을 조절하는 방법에 최선을 다했고 자녀와 협상하는 방법을 실행하면서 아들의 초등 1학년을 맞이했고 진영이도 즐거운 학교생활을 시작하였습니다.

04

현실치료상담에서 말하는 내적 통제력이 무엇일까요?

사람이 살다 보면 통제할 수 있는 것과 통제할 수 없는 것이 있음을 알게 됩니다. 예를 들면 즐겁게 생활하기는 내가 선택할 수 있으나 자연재해는 통제할 수 없습니다. 다른 사람의 생각과 태도를 바꾸는 것은 불가능합니다. 이것을 '외부통제'라고 합니다. 내가 좋은 생각을 갖는 것은 가능합니다. 그래서 이를 '내적 통제력'이라고 합니다. 효율적인 삶을 만드는 데 필요한 내적 통제력이 무엇인지 알아보도록 하겠습니다.

선택이론은 인간의 행동이 외부환경이나 문화적 강요에 의해 만들어지는 것이 아니고, 과거의 경험이나 부모의 설득 때문에 결정되는 것도 아니라는 점에서 내적 통제라는 말을 사용합니다.

또한, 다음과 같은 이유로 다른 심리치료 이론과 맥을 같이 합니다.

첫째, 인간의 행동은 내부로부터 나온다는 점,
둘째, 개인은 자신의 삶을 변화시킬 수 있는 힘을 가지고 있다는 점,
셋째, 건강한 대인관계는 치유적 속성이 있다는 점,
넷째, 누구나 미래에 대한 희망이 있다는 점 등을 기본원칙으로 가지고 있습니다.

우리가 스스로 선택할 수 있는 것은 문제가 되지 않으나 우리가 스스로 선택할 수 없는 경우로는 다음 세 가지를 들 수 있습니다.

첫째, 자연현상과 관련한 자연재해, 유전적 요인, 질병, 출생과 죽음 등입니다.
둘째, 내가 아닌 다른 사람의 행동이나 생각입니다.
셋째, 과거에 일어난 일입니다.

대부분 위 세 가지를 통제할 수 없다는 것을 알고 있지만, 실제 생활에서는 그렇게 하지 못합니다. 특히 많은 사람이 가족과 주변인들의 생각과 행동을 바꾸어 보려 노력합니다. 이런 행동을 외부

통제라고 합니다. 외부통제가 반복되면 좋은 관계를 망가뜨리고 부정적인 결과를 가져옵니다. 마치 올가미가 안으로 조여지듯 점점 더 나빠지는 결과를 가져옵니다.

간혹 과거에 일어난 충격적인 일들로 깊은 상처에 묶여 있거나, 자유롭지 못한 경우를 많이 봅니다. 그런데 과거는 이미 흘러간 물과 같아서 되돌릴 수가 없습니다. 그러므로 과거의 일에 대하여서는 충분히 들여다본 후 위로와 따뜻함으로 그 상황에서 벗어날 수 있는 용기가 필요합니다. 과거의 그 일이 현재 어떤 문제를 가져오는지에 초점을 두고 스스로 불편하거나 이상 행동이라고 여기고 있는 것이 없는지를 살펴보아야 합니다.

누구든지 위에서 말한 통제 불가능한 상황에서 그저 가만히 있지는 않습니다. 갑작스러운 태풍이나 해일이 닥쳐온다고 해도, 그 앞에서 넋을 놓고 있거나, 회피하여 도망가거나, 구조나 재건에 나서거나, 피해를 대비하는 등 여러 가지 활동 중에서 선택해 나갑니다. 어떤 것이 가장 효율적인지 각자 처한 상황에 따라 다를 것입니다.

이처럼 어떤 상황에서든 우리는 좋은 선택을 찾아 행동합니다. 통제할 수 있는 상황에서, 그리고 통제할 수 없는 상황에서조차 나에게 가장 도움이 되는 행동을 선택하고 욕구를 충족시키는 방향으로 활동하기를 선택할 수 있습니다. 다양한 환경의 경험이 개인의 기억에 남아 있을 수 있지만, 개인의 자유로운 선택을 막을 수는 없습니다. 모두가 자신의 행동을 선택하는 것은 '지금-여기'의 현재적 원리에 기초한 기본욕구에 의해 결정된다고 볼 수 있습니다.

타인의 통제를 싫어하면서도 받아들이는 경우가 있습니다. 마치 코끼리가 얼마든지 끊어낼 수 있음에도 아기코끼리였을 때부터 묶어놓은 밧줄에 매여서 그대로 있는 것과 같습니다. 과도하게 통제하는 엄마나 아빠와 충돌하기보다 그냥 현실적인 순응이 더 낫다고 느끼며 살아가는 경우입니다.

다른 사람들이 나의 행동에 대해 지적하거나 바꾸려 들 때 그걸 순순히 따르거나 좋아할 사람은 단 한 사람도 없을 것입니다. 특히 어린 자녀가 부모에게 항거하면서 자신의 주장을 말하기는 쉽지 않을 것입니다. 그러나 어려서는 힘이 부족하고 약해서 대처하지 못했다고 할 수 있으나 성인이 되어서도 그런 과거의 모습으로 자신을 묶어놓고 아무 일도 하지 않는다면 과거의 나에게 통제당하며 통제의 밧줄을 끊어내지 못하는 것이라 할 수 있습니다.

성장한 코끼리는 얼마든지 밧줄을 끊고 벗어날 수 있는 능력이 있는 것처럼 우리도 모두 내적 통제력을 발휘한다면 얼마든지 삶과 인생을 아름답게 변화시키는 선택을 할 수 있습니다.

통제할 수 있는 항목을 체크하면 자신의 통제력을 알 수 있습니다.

즐겁게 생활하기		부모 배우자 친구 행동		책임지기		과거에 일어난 일	
비행기의 제시간 출발 도착시각		약속 깨기		핑계 대기		나의 말투	
다른 사람 칭찬		내가 보는 영화		다른 사람의 생각		전염병 감염	
다른 사람 대하는 태도		거울 보고 미소짓기		무슨 음식 먹을지		나 자신을 믿기	
대화 중 끼어들기		비가 오는 때		전화 받을지 말지		내차 앞에 끼어드는 차	
독립적 행동하기		화내기		결석, 결근하기		친절하게 행동하기	
타인의 결정		어떤 책 읽기		비밀 지킬지 말지		공부할지 말지	
타인에게 물건 구매하게 하기		태풍		유전적 특징			

※ (Take Charge of Your Life, 윌리암 글라써, Participant Manual, 7, 박은미 번역, 재인용; <좋은 관계 선택에서 시작한다>, 박은미, 205. 참조)

당신의 삶은
누가 통제하는가

참조 : 한국심리상담연구소, PET강사용 차트.

◈ 외면적 통제

- **시간**
- **운명**
- **환경**
- **타인**
- **당신의 신**
- **유전**
- **돈**

• 내면적 통제

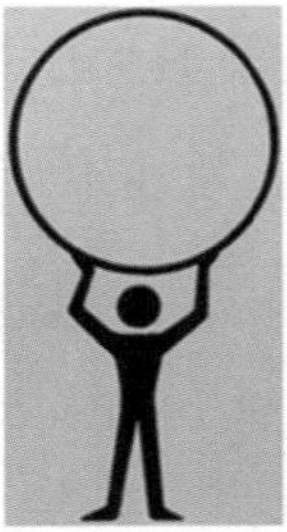

05

삐뚤어진 요에서는 잠을 잘 수 없어요

인간의 뇌는 사고와 감정과 행동을 통합적으로 관리하면서 창의적인 행동을 선택합니다. 뇌의 인지적 측면에서 감당하기 어려운 물리적이거나 심리적인 충격이 올 때 뇌에 이상이 생겨 질환이 발생하는 것으로 알려져 있습니다. 그러나 일부 심리학자들은 특정 정신질환이 뇌의 물리적인 이상보다는 뇌가 다양한 증상을 창조할 수 있다는 점에 주목합니다. 자신의 불행한 상황을 대처하기 위해 고통스러운 행동을 선택하는 것을 창의성 측면에서 설명합니다. 불안을 해소할 수 없을 때 강박행동을 선택할 수 있는데 이 부분에 대하여 알아보도록 하겠습니다.

불안과 지능의 문제가 겹쳐져 강박증상을 선택한 연이는 사람들과 대면하는 기술이 부족하여 어려움을 호소합니다. 연이가 중

학교 2학년때쯤 부모가 심하게 다투는 모습을 본 이후로 강박증상이 생겼다고 합니다. 잠을 자는 요가 아주 정확하고 반듯하게 펼쳐져 있고 그 안에 자신의 몸이 자로 잰 듯 흐트러짐 없이 딱 맞아야 잠을 잘 수 있고, 자다 깨어나면 다시 일어나서 요를 반듯하게 편 다음 그 자리에 눕는다고 합니다.

전에 받은 지능검사 결과는 경계선*(지적장애 진단 점수에 가까운)*에 있다고 해서 엄마의 도움을 받아 우선 마음이 안정되도록 하는 것이 1차 목표였습니다. 연이가 가장 하고 싶은 일은 점심시간에 주변 학생들에게 밥 같이 먹자고 먼저 말을 하는 것이었습니다. 2차 목표는 굳이 이름 붙이자면 대인관계 기술 혹은 사회생활 기술 훈련이었습니다. 아쏘피노 아트*(asso-pheno art)*, 즉 일부 선만 주고 이어 그리는 그림에서 마이크를 그린 것은 말을 잘하고 싶은 마음을 표현한 것입니다.

연이는 그림 그리는 것을 좋아해서 엄마와 협동화를 많이 그렸습니다. 언제 가장 행복했는지 이야기를 나누며 전지에 그림을 그리는 동안 그림 속 이야기에 함께 들어갑니다. 엄마, 아빠의 손을 잡고 언니랑 함께 여행할 때의 좋았던 순간들이 지면에 옮겨질 때마다 행복한 미소를 짓습니다.

그 장면으로 이동하여 엄마와 함께 이야기를 나누는 동안 즐거움의 욕구가 채워집니다. 목소리가 커지고 "까르르 까르르" 웃으며 그때의 행동을 재현합니다.

"그때 어떤 옷 입었는지 기억나니? 그래, 그랬지!"라고 하며 여행하던 때의 즐거움 속에서 서로가 서로의 좋은 세계 안에 저장

이 됩니다. 과거에 충족되지 못했던 바람도 현재의 이야기로 재구성할 수 있습니다.

연이는 지난 한 주간 있었던 일을 상기된 얼굴로 이야기하면서 즐거워합니다. 누군가 자기의 이야기를 진지하게 들어주고 경청을 해주는 경험을 통해 힘을 얻었습니다. 엄마는 이런 모습이 신기하다고 합니다. 연이가 이렇게 이야기를 잘하는 줄 몰랐다고 기뻐했습니다. 안정된 상태에서 제 때에 반영적 경청을 해주면 불안이 사라지고 자신의 내면으로 들어갈 수 있기 때문입니다.

3주 정도 지난 후에 드디어 학우들에게 식사하자고 먼저 말을 하고 밥을 먹었다면서 자랑합니다. 마음껏 긍정적 나전달법으로 지지하고 격려하자 연이는 내적 에너지가 채워지기 시작합니다. 누군가에게 먼저 말을 거는 것이 그렇게 어려웠는데 학우들과 밥을 먹고 나니 자신감이 생겨서 두려움이 줄어듭니다. 집 안에서 엄마와 언니랑은 비교적 소통이 잘되었고 사회적 상황에서 끙끙대며 답답해하던 일이 해결되자 성취감이 생겼습니다.

아빠가 몇 년 전에 돌아가셨는데 부모님이 다투는 장면이 기억 한복판에 남아 연이를 불안하게 합니다. 더구나 아빠가 일찍 돌아가셨기 때문에 엄마도 돌아가시면 어쩌나 하는 불안감이 강박증상으로 나타나는 상황입니다.

빈 의자에 아빠가 앉아 계신다면 어떻게 말하고 싶은지 해보라고 하며 역할극을 시연합니다.

"아빠, 어떻게 엄마한테 그렇게 심한 말을 할 수 있어요? 쌍욕했잖아요? 때리려고 하고 밀치기도 했잖아요? 미워요!"

"아, 연이가 많이 무서웠구나. 미안하다. 아빠가 술을 좋아해서 실수했다. 엄마가 잔소리하는 것 같아서 그랬는데 너는 많이 무서웠구나! 미안해. 용서해줄 수 있겠어?"

대역하는 상담사의 이야기를 듣고 한참을 울먹이며 이야기를 하더니 한숨을 길게 쉽니다. 그리고 잠잠히 침묵합니다.

빈 의자에서 아버지랑 두 번의 만남을 가진 후 더 이상 아버지를 원망하지 않았습니다. 이후에는 자신에게 섭섭하게 하고 무시한 사람들을 하나씩 불러내서 마음을 읽어주고 다독이며 반영하자 원망이 줄어들기 시작했습니다. 경계선 지능의 문제가 있음에도 자신이 무엇인가 해보았다는 성취감과 즐거움의 경험이 좋은 세계에 저장되면서 과거의 아픈 상처를 더 이상 꺼내 놓지 않게 되었습니다. 연이는 감정의 보살핌을 받자 안정감으로 채워졌고 점차 좋아졌습니다.

나중에 전해 온 소식에 의하면 잠잘 때 요를 반듯하게 펴놓거나 자다가 일어나서 펴야 하는 강박증상이 없어졌다고 합니다. 그 증상이 사라진 것만으로도 가족이나 본인에게 훨씬 편안한 일상이 되었습니다. 자신의 불안을 강박증상으로 대체하려던 행동양식이 더 이상 필요치 않게 된 것입니다.

사람이 뭐 대단한 것으로 행복을 누린다기보다 가장 소소한 보통의 일상에서 안정감을 찾고 기쁨을 나누며 즐거움을 누릴 수 있다면 그게 행복이 아닐까요? 연이가 환하게 웃던 모습이 떠올라 미소가 퍼집니다.

06

아이가 찻잔을 쏟아 버렸어요

성장하면서 부모로부터 절대적인 지지가 필요한 시기에 엄마나 아빠가 자신을 버릴지도 모른다는 불안은 정서적 안정에 중대한 장해를 줍니다. 엄마 품이 세상에서 가장 좋은 세상이라는 것을 경험해야 할 시기에 여기저기로 옮겨지던 아이에게 새아빠가 생기면 자신이 또 어떻게 될지 모르는 상황에서 역기능이 되는 것은 당연한 일 같습니다. 처음에 엄마는 "애가 문제가 있어요"라고 했지만, 모든 것이 엄마가 하기 나름이라는 것을 알게 되는 그 과정에 대하여 살펴보도록 하겠습니다.

어린 아기를 업고 찾아온 젊은 엄마는 한숨을 쉽니다. 무슨 일인가를 말하기까지 약간의 시간이 필요했나 봅니다. 망설이던 엄마는 초등학교 6학년에 올라가는 첫째 딸이 공부를 하지 않고 반항만 하니 딸을 상담해 줄 수 있는지 묻습니다.

등에 업은 아이는 재혼한 남편의 자녀이고 딸은 초혼의 자녀라고 하면서 지난 이야기를 합니다. 30대 초반의 엄마는 너무 이른 나이에 딸을 낳았고 얼마 지나지 않아 이혼을 했다고 합니다. 재혼을 결정하고 시부모님을 뵈러 간 자리에서 딸이 찻잔을 뒤집어 쏟아 버렸다고 합니다. 그것이 작년 일인데 그 이후 지금까지 자신을 대하는 모습이 반항적이고 무엇이든 믿어주지 않는다고 합니다.

첫 남편과 이혼한 후 아이를 친할머니가 키웠다가, 다시 엄마가 데려왔다가, 다시 또 아빠에게 보냈다가, 최근에 엄마와 살기로 하고 데려왔다는 것입니다. 이 과정에서 아이가 정서적으로 얼마나 불안했을지 짐작이 갑니다. 새로 아빠가 생기면 또 그와 같은 일이 반복될까 봐 아이는 불안했고 방어 행동이 나타난 것이겠죠. 아이의 변화를 바란다면 엄마의 말이 달라져야 하고 두 아이를 똑같이 사랑한다는 것을 믿도록 해야 한다고 설명했습니다. 그리고 먼저 반영적 경청을 훈련해서 딸 민이의 마음을 알아주기로 하고 대화법 훈련을 하기 시작했습니다. 그리고 민이는 4회기가 지나면 데려오라고 했습니다. 그런데 3회차에 엄마가 민이를 데리고 와서 소파에서 동생과 함께 놀도록 하였습니다. 훈련하면서 민이와 나누었던 불편한 대화 내용을 가져와 수정해서 말해보는 연습을 합니다. 한쪽 편 소파에서 동생과 놀던 민이는 엄마가 연습하는 말을 들으면서 얼굴이 환해집니다. 실제 자신에게 직접적으로 들려주는 말이 아닌데도 딸은 신경을 쓰면서 듣고 있었나 봅니다.

실제 딸과 있었던 삶의 이야기를 연습 소재로 삼아 훈련하는 소리를 들려주는 과정이 반복되었습니다. 그리고 민이는 5회차에 별도로 학습태도 검사를 시행했는데 전혀 문제가 없었습니다.

훈련이 거듭될수록 아이를 대하는 엄마의 태도가 달라지자 아이도 정서적으로 안정된 모습이 눈에 띌 정도로 나타납니다. 동생을 사랑하면서 엄마를 대하는 말투가 달라진 것이 돋보입니다. 대부분 아이의 문제는 부모와 관련이 있습니다. 부모로부터 분리될까 걱정되어 불안이 생기면 엉뚱한 행동을 선택합니다.

민이는 점차 안정을 찾아갑니다. 학교에서 다투기만 하던 아이가 친구랑 잘 지내고 숙제도 하라고 하기 전에 먼저 하는 모습을 보면서 엄마도 안정감을 얻기 시작했습니다. 결국, 자신이 어떻게 대하느냐에 따라 자녀가 달라진다는 것을 실감하게 된 셈이죠. 민이 엄마는 의사소통훈련 하나만으로도 자녀와의 관계가 회복되고 둘째 아이 양육에도 큰 도움이 된다고 말합니다.

상담 마치고 두 주 정도 후에 전화가 왔는데 약간 들뜬 목소리입니다. "기적 같은 일이 생겼어요! 민이가 그동안 모아온 세뱃돈 복주머니를 항상 품에 안고 자며 절대로 만지지 못하게 했었는데요. 이제 엄마에게 맡긴다고 주었어요"라고 하며 기뻐합니다. 딸이 전 재산을 맡긴다는 것은 이제 엄마를 믿게 되었다는 의미겠죠.

엄마를 믿게 된 딸은 그때부터 마음의 짐이 덜어졌을 것입니다. 엄마를 믿지 못해 이상행동을 해야 했던 민이는 얼마나 힘들었을까요? 그 짐을 내려놓게 되었으니 홀가분했겠죠. 그 이후 민이 엄마는 좋은 소식들을 보내왔습니다. 딸이 중학생이 되어 공부를 잘하고 아주 예쁘게 성장했고 작은아들도 많이 자랐고 아이들 모습을 보는 것이 행복하다고 합니다.

민이는 엄마가 언제든 자신을 버릴지도 모른다는 불안감이 사라지고 동생과 자신을 똑같이 사랑한다는 것에 안도감을 느껴 정서적 안정을 찾았습니다. 처음에 엄마가 "애가 문제가 있어요"라고 했지만, 모든 것이 엄마가 하기 나름이라는 것을 인정하면서 달라진 결과입니다.

엄마는 민이가 동생을 사랑하고 돌봐주니까 가사 일에 도움도 되고 딸과 친구 같은 관계를 유지하게 되어 행복하다고 말합니다. 교회 공동체 안에서 엄마들끼리 독서 모임도 가지고 양육 경험담을 나눈다고 합니다. 기쁨을 함께 나누면 배가 되는 게 맞습니다. 날마다 행복을 선택할 수 있으니 말입니다.

07

우리는 누구를 통제할 수 있을까요?

갈증이 생기면 물을 마심으로써 목마름의 욕구를 채우듯이 나의 행동은 단순하지만 나 자신을 통제하는 능력이 됩니다. 만일 내가 다른 사람의 목마름을 해결해준다면 내가 그 사람의 인생을 통제하는 것이라 할 수 있습니다. 선택이론에서는 우리의 행동이 외부의 자극이나 사건에 대한 반응이라고 보지 않습니다. 모든 것은 내면의 욕구에 의해 일어난다고 봅니다. 나를 통제할 수 있는 것은 자신뿐이라는 것에 대하여 알아보려 합니다.

이론적으로 볼 때 다른 사람에게 내가 계속해서 물을 마시게 한다면 그 사람이 죽음에 이르도록 물을 마시게 할 수도 있다는 의미입니다. 이것이 자극-반응이론에서 말하는 자극-반응체계입니다. 자극-반응이론에 익숙한 부모들이 자신이 옳다고 여기는 것들을 자녀들에게 강요하며 통제하려 합니다.

남편은 아내를, 아내는 남편을 통제하려 합니다. 이것은 서로 통제할 수 있다고 믿기 때문입니다. 교사는 학생을, 의사는 환자를, 정치가는 국민을 통제하려 합니다. 원하는 대로 반응을 주고받았기 때문에 원하는 대로 그들이 행동하리라는 믿음을 갖는 것입니다.

빨간불이 켜질 때 자동차가 서거나 횡단보도에서 멈추는 것은 자극-반응이론에 의해서가 아니라 생존의 욕구를 충족하기 위한 행동입니다. 그러나 자녀들이 강압적으로 통제하는 부모에게 복종하고, 노동자들이 돈을 벌기 위해서 아무 일이나 닥치는 대로 하는 행동들은 자신의 욕구가 충족되는 한도 내에서만 가능합니다. 남을 따르는 것이 더 이상 자신의 욕구를 충족시켜 주지 않을 때는 멈추거나 저항합니다.

윌리암 글라써는 통제당하는 것을 거부하고 반항하는 방식이 위궤양이나 대장염, 천식, 류마티스성 관절염, 심장병 등과 같은 질병으로 나타날 수 있다고 말합니다. 직접 분노를 표출하거나, 무의식적으로 병에 걸리면서까지 통제하거나 그 통제에서 벗어나려

한다는 의미입니다.

부모가 자녀를 통제할 때 흔히 칭찬을 사용합니다. 그러나 하기 싫은 일을 하게 하려는 의도가 보인다면 더욱 분노할 것입니다. 속임 당하는 것이 더 화가 나기 때문입니다. 자녀들과 게임을 하면서 일부러 져준다면 아이는 화를 낼 것입니다. 왜냐하면, 통제력을 완전히 잃었다고 느끼기 때문이지요.

사람들에게 만족을 주지 못하는 일을 하도록 통제하는 것은 사실상 불가능합니다. 돈을 적게 벌더라도 1인 기업을 꾸려가는 이유는 자신의 인생에 대하여 더 많은 통제력을 가지고, 자유의 욕구와 성취의 욕구를 충족할 수 있기 때문이 아닐까요? 물론 다양한 이유가 있기야 하겠지만...

사람은 누구나 서로 끝없는 싸움터에 있는 것과 같이 통제력을 사용하려 합니다. 서로 조화롭고 행복하게 지내려면 통제를 기꺼이 받아들이며 타인의 욕구 충족을 방해하지 말아야 할 것입니다.

우리가 서로 잘 지낼 수 있는 수단은 협상과 타협밖에 없다는 것을 인식하고, 자녀와 협상과 타협을 잘할 수 있다면 모두가 행복해질 수 있습니다.

자극 반응이란?

1. 고전적 조건형성
- 1단계 : 무조건 자극(먹이) ➡ 무조건 반응(침 분비)
- 2단계 : 무조건 자극(먹이) + 중성자극(종소리) ➡ 무조건 반응(침 분비)
- 3단계 : 조건 자극(종소리) ➡ 조건 반응(침 분비)

2. 조작적 조건형성
- 반응행동 : 자극에 의해 야기되는 반사 혹은 자동적 반응
- 조작행동 : 자발적으로 방출되는 행동, 사건에 의해 강해지거나 약해짐.

※ 자극 반응 체계에 대하여 더 알고 싶다면 <상담의 이론과 실제>
(김춘경 외, 학지사)를 읽어보시기 바랍니다.

08

의처증 남편 때문에 못 살겠어요

누군가가 끊임없이 자신을 의심하는데 그것을 믿게 할 방법이 없다고 느낄 때 얼마나 절망스러울까요? 그것도 한평생 의지하고 살아야 할 남편이 자신을 믿어주지 않을 때 심정이 어떨까요? 참 안타까운 일들이 의외로 많습니다. 남편의 의처증을 이겨내며 농사일과 자녀 돌봄에 충실했던 어느 분의 이야기를 나눠보도록 하겠습니다.

이 사례는 MBC '생방송 오늘'의 <신 가족 기획> 상담 솔루션 중 하나입니다. 남편의 의처증이 너무나 심해서 방송국에 사연을 보냈고 피디*(PD)*가 내담자를 모시고 찾아 왔던 사례입니다.

아들 둘과 엄마가 어두운 얼굴로 찾아 왔습니다. 대화를 나누면서 남편과도 전화 통화를 했습니다. 아내와 자녀들이 상담 의뢰를 했으니 함께 만날 수 있는지 물었는데 자신은 전혀 문제가 없다고 합니다. 그리고 나중에는 몰라도 현재는 상담 의사가 없다고 말합니다. 남편이 직업적 특성상 집을 비우고 지방에 일하러 가는 경우가 많은데 그때마다 부인을 의심한다는 내용입니다.

방송 이후 여러 번 만났고 살고 있는 집에 방문도 했습니다. 부인은 농사일을 누구보다 열심히 하며 아이들을 돌보는 평범한 주부였습니다. 남편도 평상시에는 괜찮은데 음주 상태가 되거나 지방에 출장을 다녀오면 엉뚱한 의심을 한답니다. 그 정도가 매우 심하여 이혼하고 싶을 만큼 괴로운데 시어머니나 시아주버니 등은 그게 뭐가 문제냐면서 대수롭지 않게 여기고 술 취하면 그럴 수 있고, 예전에 시아버지도 그랬다고 참고 살라고 한답니다.

고2와 초1, 두 아들을 양육하고 농사일도 바쁜데 한 달이면 두세 차례 의심하며 집안을 때려 부수고 욕을 하면 아이들 보기에도 그렇고 살맛이 안 난다고 말합니다. 당장 이혼하고 싶어도 돌아갈 친정이 변변치 못해 갈 수도 없고, 가진 돈이 없어 새장에 갇힌 새처럼 살고 있다고 하소연합니다.

처음에는 마음의 상처 된 부분을 풀어주기 위해 그림을 그리고, 이야기를 나누고 아이들을 대할 때의 말하는 방법 등을 훈련하면서 어느 정도 내면의 근육이 생겼다 싶었습니다. 그런데 어느 날 다급한 목소리로 전화가 옵니다. 한밤중에 돌아온 남편이 또 난리를 친다고 합니다. 진짜 아무 일이 없으면 증명해 보이라며 지금 당장 아파트에서 뛰어내리면 아무 일 없었다고 인정하겠다는 내용입니다. 얼마나 무서웠는지 목소리가 바들바들 떨립니다. 의처증이 음주 상태에서 더욱 심해진 상황입니다.

어찌어찌해서 그날은 넘어갔는데 또 다른 날 연락이 왔습니다. 근방에 자녀가 다니는 학원의 원장과 아무 일 없었느냐고 따지면서 학원의 기물을 다 부숴버렸다고 합니다. 정말 아무 일 없었다면 산부인과에서 "진단받아보자!"라고 한답니다. 남편을 만나 상담을 진행해보려고 찾아갔는데 그때의 모습은 또 전혀 아무 문제 없는 천사표 남편으로 보입니다.

그러던 어느 날 고2 큰아들이 전화했습니다. 아빠를 알코올 중독 치료센터에 보내고 싶다 해서 가족이 요청하면 가능할 것이라고 전화번호를 안내했습니다. 알코올 중독 재활병원에 입원한 후 심리검사 결과지를 제출하기 위해 심리검사 목적으로 방문했습니다. 알코올 중독자 재활병원은 밖에서 잠금장치가 되어 있어서 일종의 수용소처럼 보였습니다. 생기 없는 모습으로 이리저리 배회하는 사람들을 '집단 수용으로 과연 치료가 될까?'라는 안타까운 마음이 들었습니다.

'MMPI-2'로 심리검사를 진행하는 동안 순한 양의 모습으로 변신한 남편은 묻는 말에 대답도 잘하고 검사에 성실하게 참여합니다. 알코올성 의처증이어서 음주가 아닌 상태에서는 정상적인 생각과 행동을 할 수 있기 때문에 검사결과에서 문제가 드러나지 않았습니다.

시어머니와 시아주버니의 강력한 요청으로 1주일 만에 퇴원하는 바람에 심리검사 결과를 가지고 가서 만나보지 못했습니다. 그 이후 연락이 끊어졌습니다. 몇 개월 만나는 동안 현실치료상담의 기본원리를 학습하면서 내면이 단단해졌다고 생각했는데 안타까운 일이 생겼고 그 이후 연락이 안 되니 정말 답답했습니다.

당시 작은아들이 초등 1학년생인데 손님이 있는 자리에서만 돈을 달라고 요청한다고 합니다. 상담 중간에 와서 손을 내미는 모습이 계속 보입니다. 아이들이 아무리 과도한 요구를 하더라도 아빠는 모두 들어 준다고 합니다. 그래서 허용적인 부모의 양육방법일 때 나타나는 부작용을 설명하였고, 친밀감 있는 대화법 훈련을 하였습니다. 소속, 사랑의 욕구가 부족하면 타인 앞에서라도 인정받고 싶은 욕구가 사람들 앞에서 돈을 달라거나 보채는 행동으로 나타납니다. '설마 손님 앞에서는 야단을 치지 않겠지?' 하는 마음일 것입니다.

아내 분은 아이들을 다루거나 관계 형성에는 어느 정도 안정이 되었는데 남편의 심한 의처증에 대응하기 너무 어렵다고 말합니다. 의처증은 쉽게 고쳐지지 않습니다. 인지 자체가 왜곡되어 비합리적 신념이 계속 작동을 하기 때문에 본인도 힘들고 가족도 힘듭니다.

연락이 안 되어 궁금하지만, 행복하게 살기를 기도하며 마음으로 응원하고 있습니다.

MMPI-2

- MMPI(미네소타 다면적 인성검사-Minnesota Multiphasic Personality Inventory): 성인의 성격과 정신병리의 표준화된 심리측정 도구
- MMPI의 최초의 주요 개정판은 MMPI-2로서, 미국의 새로운 성인 견본을 대상으로 표준화되었으며 1989년에 출시되었고 현재 마음사랑에서 관리하며 연수받은 자격자에 의해 심리검사가 가능함

보통의 가족이
가장 무섭다

3장
chapter. three

머릿속 좋은 세계에 무엇이 있나요?

대부분의 사람이 자신의 머릿속에 있는
사진에 의해 자극받는다는 사실과 그 사진이
얼마나 강력하고 구체적인지 알지 못합니다.
좋은 관계에서조차 끊임없이 상대방을 자신이 원하는 방향으로
변화시키려고 시도합니다.

01

좋은 세계에 담겨 있는 것은 모두 다릅니다

모든 사람은 각자의 좋은 세계를 가지고 있습니다. 어찌 보면 우리 인생의 핵심이라고 말할 수 있는 곳, 한 개인의 고유하고 독특한 기억이 저장된 곳, 어떤 결정을 하려 할 때 각 개인의 기준점, 즉 세상을 바라보는 안경과 같다고 할 수 있는 곳이 좋은 세계입니다. 이 부분에 대하여 좀 더 살펴보고자 합니다.

삶을 이어가다 보면 어떤 부분은 심리적 욕구를 만족하게 하고 어떤 부분은 그렇지 않다는 것을 알게 됩니다. 이런 경험과 지식을 바탕으로 우리의 욕구를 충족시켜 준 바람*(want)*의 사진첩이 만들어집니다. 이 사진첩 안에는 우리 내면의 욕구를 만족시켰던 사람들, 장소, 물건, 활동, 신념, 가치 등 우리를 기분 좋게 했던 것들이 포함됩니다. 선택이론에서 이 사진첩을 좋은 세계*(Quality World)*

라고 부릅니다.

윌리암 글라써는 "행복하려면 어떻게 해야 할까? 이성 친구를 사귈 때는 어떤 파트너가 좋을까? 세상에서 가장 좋은 직업은 무엇일까? 등등을 생각해낼 수 있는 비교거리가 들어 있는 곳이 좋은 세계이다"라고 말합니다. 정말 즐거웠던 추억이 있었다면 '거기는 어디였을까? 그때 무엇을 하고 있었을까? 누구와 함께 있었을까?' 등을 찾아낼 수 있는 곳이라는 의미입니다.

여러분의 좋은 세계 안에는 무엇이 있을까요?

현실 세계*(Reality World)*는 우리가 사용할 수 있고, 알고 있는 모든 지식 정보들이 존재하며, 현재 기억할 수 있는 모든 것들이 있는 곳을 말합니다. 그러나 우리가 현실 세계로 알고 있는 것은 모두 지각된 세계*(Percieved World)* 뿐입니다. 우리가 지각할 수 없는 것들은 실상은 알려고 해도 알 수 없기 때문입니다.

내가 서초동까지 가는 동안 몇 개의 간판을 기억할 수 있을까요? 작정하고 외우려고 하지 않았다면 전철역 몇 개와 빵집 등 아주 소수만 기억할 것입니다. 내가 관심을 가진 것만 기억하고 인지한다는 의미지요. 좋은 세계 안에 바람이 충족되었던 사진들이 사람마다 모두 다릅니다. 그것은 욕구를 충족하는 방법이 모두 다르기 때문입니다.

어떤 경우에는 현실 세계에서 충족시킬 수 없는 사진을 가진 경우도 있습니다. '아주 날씬한 몸'이 사진첩 안에 있다면 '식욕 감퇴증'이나 '거식증'에 시달립니다. 불합리한 신념이 식욕을 억제하기 때문입니다. 그 사진을 바꾸도록 돕는 것이 쉽지는 않으나 사진을 바꾸기만 한다면 회복될 수 있습니다. 알코올 중독자는 알코올이 '모든 것을 충족시켜 주는 멋진 사진'으로 사진첩에 있는 한 좌절상황이 올 때마다 술을 찾을 것입니다.

대부분의 사람은 자신의 머릿속에 있는 사진에 의해 자극받는다는 사실과 그 사진이 얼마나 강력하고 구체적인지를 알지 못합니다. 좋은 관계에서조차 끊임없이 상대방을 자신이 원하는 방향으로 변화시키려고 시도합니다. 내가 오른손으로 커피를 마시면서 상대방도 나와 같은 방법으로 마시기를 강요합니다. 그는 왼손잡이인데 말입니다. 우리는 누구도 상대방의 머릿속에 나와 같은 사진을 갖도록 할 수 없습니다. 같은 욕구가 있더라도 개인마다 그 강도가 다르기 때문에 주변 사람들과 지속적으로 좋은 관계를 만들기 원한다면 이런 사실을 받아들여야 합니다. 좀 더 쉽게 말하면 내 머릿속 사진도 마음대로 바꿀 수가 없는데 어떻게 다른 사람 머릿속 사진을 바꿀 수 있겠습니까?

누군가와 잘 지내고 싶다면 타인의 사진을 바꾸려 하지 말고 함께 나눌 수 있는 사진을 찾는 것이 더 빠릅니다. 함께 공유할 수 있는 그림을 만들어 가는 것이 더 중요합니다. 최소한 함께 공유

할 수 없다는 것을 받아들이면서 즐거운 시간을 함께 보내는 것이 필요합니다.

좋은 세계*(Quality)*를 확장하는 것이 행복한 삶의 확장이라 생각합니다.

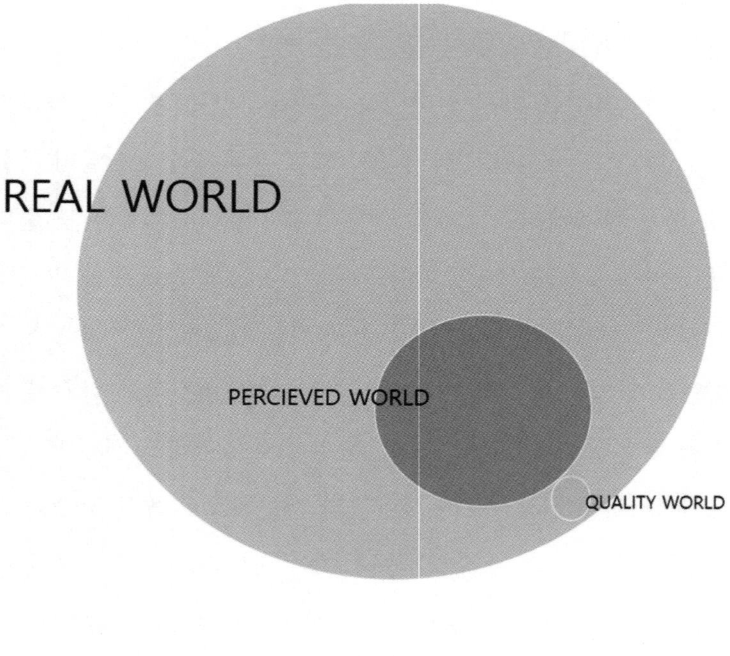

02

진짜 사랑하는 줄 알았어요

50대 후반의 인생에 찾아온 설렘이 새로운 세상을 보게 하고 새로운 꿈을 꾸게 하였습니다. 매일 아침 카톡에 좋은 글이 올라올 때마다 가슴이 뛰며 모든 일이 즐겁고 신납니다. 새롭게 만난 인연에 가슴이 벅찹니다. 그런 기쁨도 잠시, 얼마 후에 일어난 일에 엄청난 충격을 받고 좌절에 빠져 당황합니다. 왜 이런 일이 생겼는지 그 과정을 살펴보도록 하겠습니다.

50대 후반의 시골 농부는 기분을 설레게 하는 달콤한 문자를 매일 아침 기다립니다. 문자가 올 때마다 미소가 지어지고 가슴이 뛥니다. 30대 젊은 시절의 열정이 다시 살아나는 느낌이 듭니다. 결국, 따로 만남을 가졌고 그 여성이 시골 농부의 좋은 세계 안에 자리를 잡았습니다. 그 사람이 원하는 것은 무엇이든지 해주고 싶습니다. 부동산 일을 하는 그 여성이 원하는 대로 충청도 인근의 땅을 쪼개서 매입합니다. 돈 있는 친구들을 동원하여 그 여성의 실적을 올리기 위해 노력합니다.

그런데 어느 날 어떤 남자가 전화로 협박합니다. 내 마누라를 가지고 놀았으니 고발하겠다고 말입니다. 순진한 이 50대 후반의 부부는 그 남자 앞에 가서 무릎 꿇고 사죄합니다. 마음을 농락한 그 여성에게 책임이 있었지만, 순진한 부부는 그 책임을 스스로 지며 사죄를 했고 부인의 지혜로 위기를 극복하려고 찾아 왔습니다.

가족 모임 중에 남편이 후미진 곳에서 다른 사람과 통화하는 모습을 본 시누이의 귀띔으로 무슨 일인가 알아보려던 차에 그런 일을 알게 된 부인은 너무나 당황했다고 합니다. 웬만하면 부인이 사느니 안 사느니 난리 칠 것 같은데 오히려 남편을 불쌍히 여기는 모습에 감동했습니다.

'라이프 스토리 인생 곡선'을 그리면서 어느 시점에서 행복했고, 어느 시점에서 불행했는지 찾아보면서 서로의 좋은 세계를 탐색합니다. 그래도 이 부부는 부인이 남편을 도우려는 마음이 컸기 때문에 비교적 수월하게 과정을 마치고 용서하며 새로운 삶을 계획할 수 있었습니다.

남편은 위로 누나들이 많아, 누나들의 사랑과 엄마의 사랑을 받았으나, 외아들이라 자신에게 걸고 있는 기대감이 너무 과중하여 힘들었다고 합니다. 그래서 아들로서 뭔가 잘해야 한다는 압박감이 컸고, 그로 인해 근엄해야 하고 부지런해야 한다는 가부장 의식이 많았다고 합니다. 그러니 부부간 대화도 쉽지 않았고 표현하는 방법도 몰랐다고 합니다. 아내 역시 열심히 농사일 거들고 아이들 뒷바라지만 잘하면 되는 것으로 알고 살았다고 합니다. 최근에는 지인의 가게에서 일하느라 남편이 어떤 상태인지 몰랐다고 후회합니다.

이 부부는 말하는 방법과 표현하는 기술을 훈련했고 그림을 그리면서 서로에게 좋았던 점, 힘들었던 점, 아쉬운 점 등을 나누며 이야기를 하는 동안 서로에 대하여 조금씩 알아갑니다. 그중에 의료용 석고를 손에 바르고, 마른 후에 떼어낸 손의 모양을 보면서 느낀 점을 나누는 작업에서, 주름진 손의 모습이 적나라하게 드러난 것을 보고 남편이 아내의 손을 잡습니다. 그동안 이 손으로 농사짓고 애들 키우고 고생이 많았는데 자신이 헛짓해서 미안하다고...

다양한 미술치료기법을 동원하여 상처를 하나씩 돌아보면서 치유해 나갔습니다. 매슬로의 욕구 위계설에 따라 어느 정도 자신의 욕구가 충족되고 나면 미처 채우지 못한 소속, 사랑의 욕구나 힘과 성취에 대한 욕구를 충족하려는 마음이 생깁니다.

누군가에게 사랑받고 싶은 욕구가 충족되지 않으면 아주 작은 자극에도 반응합니다. 미처 그것이 옳은지 그른지 판단할 겨를도 없이 자신도 모르게 썰물에 바다로 끌려가듯 합니다. 의식적으로는 '그러면 안 되는데' 하지만 이미 부적절한 관계나 상황에 도달해 있을 수 있습니다.

옛말에 쉰이 넘어 늦바람이 나면 잡기 어렵다고 하지만 그런 상황에 대하여 자신이 인식하기만 하면 얼마든지 회복할 수 있습니다. 자신의 바람*(want)*이 무엇인지, 미처 채우지 못한 욕구가 무엇인지, 세심하게 살펴보고 부부간에 서로를 바라보며 이해하고 용서할 수 있는 기회가 주어지면 얼마든지 회복할 수 있고 과거보다 더 좋은 관계를 유지할 수 있습니다.

서로의 바람이 충족되었던 사진을 찾아내어 그때 어떤 활동을 했었는지 다시 해볼 수도 있고 서로가 원하는 것이 무엇인지를 충분히 나누고 이해하면서 수용하는 방법을 배울 수 있습니다. 그리고 대부분 자녀가 아직 미혼이면 이혼을 결정하기 힘듭니다. 또한, 잠깐의 실수를 용납하지 못하고 이혼을 선택하는 것도 바람직하지 않습니다. 사실 살면서 이혼하고 싶다는 생각을 한 번도 안 가진 부부가 과연 얼마나 될까요?

성경에 보면 아담의 갈비뼈를 취하여 하와를 만들어 아담에게 보여주었을 때 "너는 내 뼈 중의 뼈요, 살 중의 살이로구나!"라고 말했다고 합니다. 이 말은 곧 아내가 자기 자신이라는 말입니다.

곧 '너는 나로구나!'로 이해하면서 '너는 나니까 너의 잘못은 나의 잘못이야!'라는 마음을 가질 수 있다면 서로의 부족한 부분을 채우면서 돕는 배필의 역할을 할 수 있습니다.

그런데 보통의 부부들이 서로의 약점을 이해하기보다 약점을 찾아내려 애씁니다. 받으려고만 하고, 해주지 않은 것만 기억하며 섭섭하다고 비난합니다. 윌리암 글라써는 <결혼의 기술>이란 책에서 서로의 욕구와 바람을 살펴보고 함께 이루려는 노력이 필요하다고 말합니다. 최소한 서로 싫어하는 부분은 하지 않으려고 노력한다면 최악의 결과는 오지 않을 것입니다.

※ 결혼생활에 관하여 좀 더 알고 싶다면 <결혼의 기술>(윌리암 글라써 지음, 우애령 역, 하늘재)을 읽어보시기 바랍니다.

03

신혼인데 어떻게 그래요?

결혼은 마음의 준비뿐 아니라 생활 방법과 삶의 태도 등 여러 가지 면에서 서로 합의해서 세워가는 과정이 필요합니다. 둘만 사는 것이 아니므로 부딪치고 해결해야 할 일도 많습니다. 그러나 무엇보다 둘이서 함께 극복하거나 함께 이루어내겠다는 의지가 있을 때 어려움이 오면 이겨낼 수 있습니다. 신혼인데 이런 준비 없이 외양만 보고 결혼하여 어려움을 겪던 부부 이야기를 해보려 합니다.

갓 결혼한 새댁은 직장에서 퇴근하자마자 남편의 저녁을 준비하기 위해 분주합니다. 레시피를 찾아 있는 정성, 없는 정성 다 동원하여 볶음밥을 준비해서 식탁을 차립니다. 신랑은 말없이 먹기만 합니다. 새댁은 맛있는지 물어봅니다. 고개만 끄덕이며 숟가락을 움직이는 신랑 앞에 앉은 새댁은 또 얼마 후 "맛있어요?" 묻습니다. 무슨 생각을 하는지 한참 말이 없다가 겨우 "응!" 간단한 대답으로 끝이 납니다.

아내는 서운함이 쌓여갑니다. '맛있다. 수고했다!'라는 말을 듣고 싶었던 새댁은 그런 감정을 숨깁니다. 자신은 배고픈 것도 참으면서 열심히 만들어 주었는데 겨우 "응" 그것도 물어본 후에 마지못해서 하는 대답이 겨우 단답형이라니! 은근슬쩍 화가 나기 시작하지만 표현하지 않습니다. 차츰 나아지려니 기대합니다.

낮에 볼일이 있어 남편에게 전화를 합니다. 한 시간 반 이상 통화 중 신호로 통화를 할 수가 없습니다. '아니 근무 중에 웬 전화를 이렇게 오래 하지?' 궁금해서 견딜 수가 없습니다. 나중에 말을 하지 않아 휴대폰을 확인해보고 주변을 알아봅니다. 유부녀 선배이면서 예전에 신랑과 친밀했던 사람이라는 사실을 알아냅니다.

여기서 또 섭섭해집니다. 나에게는 '응'이란 말 한마디인데 '어떻게 그 사람과 그렇게 오래 전화할 수 있을까?' 이해가 안 됩니다. 그래서 주변인들을 동원하여 그들의 관계를 탐색해보았습니다. 전부터 매우 가깝게 지낸 사이였고, 선배가 먼저 결혼해서 유부녀이며 아이 엄마인데 정서적으로는 아직도 서로가 잊지 못하는 상태라는 것을 알게 됩니다.

그러다 보니 싸움이 잦아지고 급기야 이혼하겠다고 양쪽 부모님께 선언했지만, 새댁은 그래도 어떻게든 결혼을 유지해보려 남편을 설득해서 찾아 왔다고 합니다. 아내는 이 상담의 결과가 좋으면 이혼하고 싶지 않다는 생각이었으나 남편은 아니었나 봅니다.

처음에 소통의 방식에 문제가 있어 반영적 경청을 해보라고 하자, 신랑이 "왜 반영적 경청을 해주어야 하죠?" 마음으로 그렇게 하고 싶지 않은데 왜 해야 하느냐고 따집니다. 물론 반영적 경청할 때 진심에서 공감하는 말이 아니면 상대방도 다 압니다. 그 말을 해보라는 것은 마음을 바꾸어 상대방을 바라보라는 말인데 그 말을 이해하지 않거나 받아들이지 않았습니다. 더구나 부모님에게 이혼한다고 선포했는데 이제 와서 상담을 받아서 뭐하냐고 합니다. 다시 살게 되었다고 말하는 것이 더 이상하지 않으냐고 반문합니다.

그 두 사람은 상담 이후에 이혼을 결정했습니다. 서로 애정을 토대로 한 결혼이 아니어도 결혼에 대한 가치와 책임감을 가지고 있었으면 상황은 달라졌을 것입니다. 나이가 있다 보니 서둘러서 같은 모임 안에서 서로의 조건만 보고 양가 부모님이 결혼을 추진한 결과였습니다.

어떤 선택에는 책임이 따른다는 사실을 다시 한번 생각하게 되었습니다. 새댁은 신중하지 못한 결정에 따른 결과를 담담히 받아들이며 성장의 기회로 삼았습니다. 남편이 정서적으로 과거의 사람에게서 벗어나지 못하고, 책임을 다하지 못하는 모습에서 허망함과 절망감을 느꼈지만, 벗어나기 위해 노력했습니다. 그 결과 내적 힘이 생겨 홀로서도 문제가 되지 않을 만큼 성장에 힘을 쏟았습니다.

또 한 사람이 생각납니다. 결혼 전 만날 때는 독립적인 생각을 하는 것으로 보였으나 결혼 후 한 달 정도 되면서 무슨 결정을 해야 할 때마다 엄마에게 물어봐야 한다고 대답합니다. 가구를 사러 가서도 엄마한테 물어봐야 한다고 합니다. 신혼부부에게 필요한 일이나 소소한 물건을 구입하는 일조차 남편은 어머니의 허락을 구합니다.

부부가 스펙이 좋고 소위 일류 대학을 졸업했습니다. 하지만 남편의 이러한 모습에서 아내는 희망을 찾지 못하고 헤어짐을 결심합니다. 그때까지 혼인신고를 하지 않은 것을 다행으로 여겨 선택한 행동입니다.

각자 건강하고 독립적인 인격을 가진 한 사람으로서 기능할 때 건강한 가정을 세워나갈 수 있습니다. 물론 각각 30여 년간 다른 문화권에서 살았기 때문에 맞지 않는 부분이 있을 수 있습니다. 조화를 이루어가기 위해 때로는 학습과 훈련이 필요할 수 있습니다.

섹스리스*(sexless)* 부부가 찾아오는 경우에도 독립성이 부족하여 생기는 일임을 알 수 있습니다. 가상세계인 사이버상에서는 모든 것이 가능한데 실제 여성과는 어떻게 친밀함을 나누어야 하는지 잘 모릅니다. 마마보이 현상이나 헬리콥터 부모 현상이 나타납니다. 아이들의 성장기마다 발달과제를 잘 이행할 수 있도록 부모가 지지하고 독립의 기회를 주어야 하는데 독립의 기회를 전혀 주지 않고 엄마가 모든 것을 해결해줍니다. 이런 경우에 성인이 되어서도 의존적이며 독립성을 갖지 못합니다.

결혼은 사람의 기질과 성향 혹은 남자와 여자의 차이에 대한 학습이 선행될 때 어려움이 올 경우 원만하게 이겨낼 확률이 높습니다. 서로가 한눈에 반해서 만난 콩깍지 기간이 그리 길지 않기 때문에 사랑의 마음이 식더라도 서로에 대한 믿음과 이해를 바탕으로 관대함과 너그러움이 준비되어 있다면 도움이 될 것입니다. 무엇보다 긍휼히 여기는 마음으로 우정이 돈독한 친구로 살아갈 수 있다면 바람직한 결혼생활이 이어지지 않을까 생각해봅니다.

헬리콥터 부모

- 자녀를 과잉보호하고 과잉 육아하는 부모들을 빗댄 용어
- 잔디 깎기 부모, 헬리콥터 부모, 드론 부모라는 말까지 등장
- 부모의 관심과 역할이 지나쳐서 문제가 되는 과잉보호
- 유아 시기부터 대학 입학까지 모든 걸 관여했던 부모는 결국 대학 생활, 전공 선택, 대학원, 취업 전선에까지 자녀 대신 직접 나서는 일을 멈추지 못함.

※이 부분에 대하여 더 알고 싶다면 <헬리콥터 부모가 자녀를 망친다>(줄리 리스콧-헤임스 저, 홍수원 역, 두레)를 읽어보시기 바랍니다

04

전행동 자동차를 아십니까?

우리가 어떻게 느끼든지 우리는 우리 자신의 행동을 통제할 수 있습니다. 윌리암 글라써는 우리의 행동을 잘 관찰해보면 4가지의 각각 다른 행동으로 구성되어 있다고 말합니다. 서로 다른 것처럼 보이는 이 활동들이 항상 전행동*(Total Behavior)*을 구성하고 있는 4가지 분리된 요소라고 말합니다. 전행동*(全行動)*을 자동차의 네 바퀴에 비유하여 설명하는 내용을 좀 더 자세히 살펴보도록 하겠습니다.

자동차에 네 개의 바퀴가 있습니다. 그런데 바퀴가 하나 빠져도 자동차입니다. 그러나 빠진 바퀴 하나를 들고 자동차라고 부르지 않습니다. 이처럼 자동차 바퀴에서 전행동의 의미를 이해할 수 있습니다. 첫째, 앞바퀴 왼쪽을 활동하기*(Acting Behavior)* 바퀴라고

Total Behavior

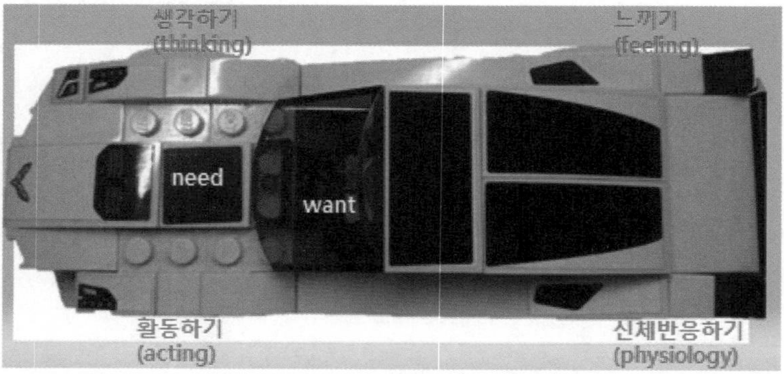

전행동 자동차 설명
앞바퀴인 활동하기와 생각하기는 핸들이라는 바람을 통해 통제가 가능한 부분이며 뒷바퀴인 느끼기와 신체반응은 통제가 어렵다는 점을 설명합니다.

본다면 걷거나 손을 흔드는 것처럼 자발적으로 움직이는 행동을 '활동하기 행동'이라 말합니다. 이것은 자신의 의지에 따라 통제가 가능합니다.

둘째, 앞바퀴 오른쪽을 생각하기*(Thinking)* 바퀴라고 한다면 누군가의 강요 때문이 아니라, 스스로 동해나 제주도로 휴가 갔을 때를 떠올릴 수 있습니다. 이처럼 스스로 자발적으로 생각을 끄집어낼 수 있는 것을 '생각하기 행동'이라 말합니다.

셋째, 뒷바퀴 오른쪽을 느끼기*(Feeling)* 바퀴라고 할 때 생각하고 활동하는 것처럼 즐거움과 고통 등의 다양한 감정을 끄집어내는 것을 말합니다. 고통이나 슬픔 등 일부는 나만 느낄 수 있으나 보통의 감정은 주변에서 알아차릴 수 있습니다. 감정을 수용하기란 어려운 일이지만 느끼는 것도 생각하는 것과 마찬가지로 전행동의 일부로서 '느끼기 행동'이라 부릅니다. 그러나 이것은 앞바퀴 두 개처럼 쉽게 통제가 되기는 어렵습니다.

넷째, 뒷바퀴 왼쪽을 신체 반응하기*(Physiology)* 바퀴로 보면 땀을 흘리거나 주먹을 불끈 쥐는 것과 같이 활동하고 생각하고 느끼는 것과 마찬가지로 자발적이거나 비자발적으로 신체적 작동에 의해 나타나는 징후를 의미합니다. '신체 반응하기 행동'이라 표현되는 이 행동도 스스로 통제하기 어렵습니다.

네 개의 바퀴를 설명하면서 '행동'이란 말을 붙이면 전행동의 요소를 이해하기가 쉽습니다. 전행동으로 표현되는 행동은 신체적인 방법을 통해 활동하고, 생각하고, 느끼고, 신체 반응하는 복잡한 생리작용을 거칩니다.

공포영화의 무서운 장면을 보면 심장의 박동이 평상시보다 배는 빠르게 뛰고 저절로 눈을 가리게 됩니다. '이건 영화일 뿐이야'라고 생각하더라도 무서운 공포 감정은 심장이 빠르게 뛰도록 구뇌에게 메시지를 전합니다. 신뇌*(New Brain)*의 명령에 따른 구뇌*(Old Brain)*의 반응이 생리적인 신체 반응하기 행동입니다. 또한,

시험에 낙방하거나 원하는 일이 되지 않았을 때도 낙심하고 초조하며 기운이 없는 상태가 됩니다.

불행한 상황이라고 인지할 때 이 구성요소 중 하나가 더욱 두드러지게 나타납니다. 그래서 그 구성요소를 전행동으로 생각하기보다 하나의 분리된 행동이라 여기는 경향이 있습니다. 시험에 낙방해서 집에 있을 때 친구가 어떻게 지내느냐고 물으면 네 가지 요소를 다 말하기보다 그냥 "당황스럽고 비참해!"라고 말할 것입니다. 이 중에서 가장 뚜렷하게 인식하는 감정은 '의기소침'이란 감정이기 때문입니다. 감정이 전행동을 이루는 4가지의 구성요소 중 하나라는 것을 알면 우리는 더 많은 통제력을 가질 수 있습니다.

만일 오른손을 흔들면 그것은 '활동하기'인데 이것은 내 의지로 가능합니다. 자발적으로 할 수도 있고 안 할 수도 있는 통제력이 있습니다. 이것은 완전한 통제력이 있다는 의미입니다.

느끼기와 신체 반응은 그렇지 않습니다. 갑자기 슬픈 감정이나 행복한 감정을 순간적으로 지어낼 수 없습니다. 또한, 새끼발가락이 아파보라고 해서 아플 수 없습니다. 신체에 대한 자극이 주어지고 나서 반응이 오기 때문입니다.

공포영화를 보면서 심장이 쿵쾅대는 것을 멈출 수 없고, 두려워하지 않기란 쉽지 않습니다. 그러나 원하기만 하면 극장에서 일어나 밖으로 나가는 활동하기를 선택해서 무서운 감정을 벗어날 수 있고 심장 박동도 정상으로 돌아오게 할 수 있습니다.

이처럼 자발적인 의지로 극장 밖으로 나오는 '활동하기 행동'을 통해 무엇을 할 것인지 '생각하기 행동'을 결정하면 다른 선택이 가능함을 알 수 있습니다. 전행동 요소 중 활동하기가 언제나 통제력을 갖고 있기 때문에 '활동하기 행동' 요소를 변화시킨다면 생각하기, 느끼기, 신체 반응 요소 모두를 바꿀 수 있습니다. 행복해서 노래를 부르는 것이 아니라 노래를 부르면 행복해지는 것과 같은 이치입니다.

만일 신체적 구속을 당한 상태가 아니라면 의자에 앉아 우울해하는 것보다 더 효과적인 방법을 선택할 수 있습니다. 다음 시험에 대비하기 위해 도서관에 가서 집중하여 공부할 수 있습니다. 몰입하며 학습하는 중에 성취의 기쁨을 얻게 되면서 자연스레 유쾌한 기분이 돌아오고 원래대로 신체상태가 회복되어 더 좋은 성적으로 합격할 수도 있습니다.

그런데 모두가 다 이렇게 하는 것은 아닙니다. 심하게 좌절한 사람이 왜 효과적인 활동하기를 선택하지 않는지 그 이유도 있을 것입니다. 그 이유는 다음에 다루도록 하겠습니다.

※ 전행동에 대하여 더 알고 싶다면 <현실치료의 적용 Ⅱ>(로버트 우볼딩 저, 박재황 김은진 역, 한국심리상담연구소)를 읽어보시기 바랍니다.

05

10년 동안 거울을 안 봤어요

사람은 사회적 동물이므로 좋은 사람들과 좋은 관계를 갖지 못할 때 불안을 해소하기 위해 창의적인 방법을 사용합니다. 창의적인 선택이 파괴적인 행동으로 나타나서 타인이나 자신을 괴롭힐 수 있습니다. 결혼한 경우 가장 가까이에 있는 배우자나 자녀가 그 대상이 될 수 있습니다. 대인기피증이라 여겼던 분이 어떤 선택을 하면서 달라졌는지 살펴보도록 하겠습니다.

MBC <신 가족 기획> 피디가 한 내담자를 소개하며 이 분에게 현실치료상담이 많은 도움이 될 것 같다는 말도 덧붙였습니다. 다른 센터에서 '대인기피증'이란 진단으로 상담 솔루션을 진행한 적이 있다고 합니다. 인적 정보를 받은 후 이분에게 상담 의지가 있는지 알아보기 위해 다른 정보를 주지 않고 오직 센터 이름과 내 이름만 알려 주고 찾아오라고 했습니다.

내담자 은주 씨는 2시간 거리를 묻고 물어서 힘들게 찾아 왔습니다. 이목구비는 또렷한데 얼굴에 수심이 가득하고 기미가 많으며 얼굴에 화장기가 없습니다. 먼 거리를 오느라 지쳐서인지 기진맥진해 보여서 일단 밥을 시켜 식사를 하게 했습니다.

대인기피증으로 진단받았다길래 어떠한 절차로 진단을 받은 것인지 묻자, 그냥 이야기만 듣고 그렇게 말했다고 합니다. 그러나 이야기를 나누면서 다른 심리검사를 해본 결과 대인기피증이라 단정하기엔 이른 감이 있었습니다.

가장 어려운 부분이 무엇이며 어떤 도움을 주면 좋겠냐고 물었습니다. 남편이 전화기에 2만 원 선불권을 채워주면 그 요금이 사라질 때까지 남편에게 전화를 걸어 비난하고 짜증 내는 게 일이라고 합니다. 남편과의 나이 차이가 9살이며 초등 5학년짜리 아들이 있는데, 남편을 괴롭히는 게 일이라고 하니 당황스러웠습니다.

고등학교까지 지방에서 다니는 동안 막내로 살면서 오빠들의 사랑을 받았고 얼마 전에 엄마가 돌아가셨다고 합니다. 결혼해서 서울로 너무 멀리 온 후에 주변에 마땅한 친구도 없고 자기 이야기를 들어주는 사람도 없다고 합니다. 시어머니나 시누이가 근처에 살면서 이것저것 간섭해서, 그 힘든 부분을 남편에게 퍼부었다고 합니다. 집도 시누이가 빌려준 빌라에 살고 있고 남편은 일용직이어서 비 안 오는 날만 일하러 나간다고 합니다. 스트레스를 풀 방법이 마땅하지 않고 남편이 가장 만만하다는 내용입니다.

거울을 보라고 하니 거울을 안 본 지 10년이나 되었다며 보려고 하지 않습니다. 무료 상담은 귀하게 여기지 않기 때문에 하지 않는다는 점을 밝히고 생활 형편에 맞는 금액 2만 원으로 상담을 시작했습니다. 남편이 비 안 오는 날 나가서 하루에 버는 돈이 10만 원이라 합니다. 넉넉지 않은 살림으로 인한 스트레스도 보이고 상담을 시작하면 과제를 해야 하는데 가능한지 물었습니다. 그러자 매주 종이에 적어주면 해보겠다고 합니다.

그래서 A4 한 장에 생활 규칙 몇 가지와 거울을 보면서 자기와의 대화로 반영하는 방법을 적어주었습니다. 남편에게 전화해서 퍼붓고 싶을 때마다 거울을 보고 자신에게 말해보라고 말입니다. 자기가 자기에게 답답한 마음을 알아주는 말을 하면서 자기와의 대화를 해보라고 한 것이 10년 동안 거울을 안 본 사람에게 다소 무리인 것 같았으나 본인이 적극적인 의지를 보였기 때문에 믿어 보기로 했습니다.

2회차 왔을 때 에너지가 조금 채워진 상태로 보입니다. 과제를 잘했다고 뿌듯한 표정을 짓습니다. 지난주에 주었던 과제는 원하는 게 무엇인지, 그것을 얻기 위해 어떤 행동을 했는지 적어보라고 한 것이었는데 1주일 동안 종이에 잘 적어서 수행해왔습니다. 거울 보는 게 낯설었지만, 거울을 보고 이야기도 했다고 합니다. 일단은 남편에게 전화해서 비난하는 것을 하지 않았다고 합니다.

그렇게 하고 싶을 때마다 거울을 보고 이야기를 하며 글로 썼다고 합니다. 극동방송 같은 곳에 사연을 내고 경품을 탄 경험이 있어서 남편을 괴롭히는 일보다 글을 쓰는 것이 나았다고 합니다. 자신의 강점을 찾아서 자기에게 적용하는 일을 하게 된 거여서 칭찬과 격려를 아끼지 않았습니다. 빠르게 결단해서 실행에 옮길 수 있는 능력은 다른 더 좋은 결과를 예측할 수 있었고 배움의 범위가 확장될 수 있음을 알게 하였습니다. 어떻게 그렇게 빠르게 결단했는지를 물으니 "생각해보니까 남편이 좀 불쌍하더라고요"라고 대답하였습니다.

선택이론의 핵심인 '모든 행동이 자신의 선택이며, 이 선택에는 책임이 따른다'는 점을 설명하자 만날 때마다 다른 변화가 나타났습니다. 봄이 되자 벚꽃 축제에 다녀왔다면서 가족사진을 보내왔습니다. 사진 속에 웃고 있는 화장한 모습은 전혀 다른 사람 같고 행복해 보입니다.

거울을 안 보던 은주 씨는 거울을 보기 시작했고, 화장을 하고, 가족사진을 안 찍던 사람이 사진을 찍으면서 보통 사람이 누리는 일상의 즐거움을 누리게 되었습니다. 보통 가족이 누리는 보통의 행복은 계절적인 즐거움을 함께 나누고 일상에서 서로를 불쌍히 여기며 이해해주는 것이라는 것을 또 한 번 확인한 경우입니다. 따뜻하게 이야기를 들어주고 사회기술 방법을 아주 조금 안내하였을 뿐인데 행복한 모습을 보니 기뻤습니다.

이후 은주 씨의 삶은 변했습니다. 국가 자격증을 따서 취업 전선에도 나가고 가끔 내가 있는 곳에 찾아오기도 하며 전보다 훨씬 즐겁고 행복한 삶을 살고 있습니다.

부부가 일상에서 서로를 믿고 불쌍히 여기는 마음을 잃지 않는다면 어떤 어려움도 이겨내고 일상의 행복을 누릴 수 있을 것입니다.

자기 부분과의 대화

게스탈트 상담 기법의 하나로 자기 부분과의 대화기법은 내담자의 마음속에 갈등하는 부분들 간에 대화를 시킴으로써 내담자의 내면을 통합할 수 있도록 도와줍니다. 이것을 응용해서 거울을 보고 자기에게 반영적 경청을 해주도록 하자 의외의 효과성이 있어서 자주 사용하고 있습니다.

※ 이 부분에 대하여 더 알고 싶다면 <상담의 이론과 실제>(김춘경 외, 학지사) "게스탈트 편"을 읽어보시기 바랍니다.

06

손목을 그어 잠자는 남편 얼굴에 핏물 떨어뜨린 아내

부부가 가정을 함께 꾸려나간다는 것은 참 어렵고도 힘들지만 위대한 일입니다. 아무나 잘할 수 없기 때문입니다. 특히 자녀를 낳아 잘 키워내는 것은 부부가 해야 하는 사명이자 큰 과업입니다. 남편이 자녀가 대학에 떨어진 이유가 아내에게 있다며 이혼하자고 하면 얼마나 황당하겠습니까? 이들에게 어떤 일이 있었는지 살펴보도록 하겠습니다.

남매를 두고 있는데 딸도 삼수를 결정했고 작은아들도 재수를 해야 하는 상황입니다. 남편이 아이를 잘못 키웠으니 그 대가로 이혼해야 한다는 말에 기가 막혀서 며칠 술만 먹다가 찾아 왔다는 소영 씨 이야기는 오래전이라 현재 상황과는 다를 수 있습니다. 아이들이 대학 진학을 못 했다는 이유로 평소에 주던 생활비의 절반만

주면서 빨리 이혼하자고 한답니다.

소영 씨는 억울하고 황당하여 어찌할 바를 모르겠다고 하소연하는 첫 상담을 마치고, 그 뒤로 2주가 지나도 오지 않아 전화를 했더니, 문자가 왔습니다. 정신병원에 강제 입원이 되어 있으니 면회를 와달라고요. 그래서 가야 하나 고민하고 있는데 다시 문자가 옵니다. 가족 외엔 면회가 안된다고...

그리고 또 한 주가 지나서 소영 씨를 만났습니다. 남편에게 집에 안 들어가고 찜질방에서 자도 괜찮으니 제발 상담 좀 받게 해달라고 사정해서 나왔다고 합니다. 얼마나 간절한지 그 마음을 마주하기가 안타까울 정도입니다.

어느 날 새벽에 너무나 억울하고 분해서 자다 말고 일어나 면도칼로 손목을 그어서 그 피를 남편의 자는 얼굴에 떨어뜨렸다고 합니다. 잠자던 남편이 기겁하면서 "이 사람이 이제 미쳤군!"이라고 소리 지르면서 바로 강제로 입원하게 했다는 것입니다.

이혼을 하고 안 하고는 이후의 문제이고 우선 이분이 원하는 것이 무엇인지 탐색하는 것이 필요했고 안정이 필요했습니다. 디자인 전공이었는데 제대로 자기 능력을 발휘해보지도 못하고 전업주부로 살면서 남편이 주는 돈에 매달리고 있는 자신의 모습이 너무나 싫다고 말합니다. 그러다 보니 말 자체가 비난형입니다. 어쩜 이렇게 빈틈없이 비난으로 몰아세울까 싶을 정도로 꼬인 마음이 드러나는 말을 사용합니다.

이처럼 상대방을 몰아세우고 공격하는 말로 독설을 퍼부으면 뇌는 나인지 타인인지 모른 채 전쟁상황인 줄 알고 피와 양분을 모으기 때문에 경색이란 질병이 올 수도 있음을 설명하였습니다. 남편이 단지 아이들이 대학에 못 간 것 때문에 이혼을 하자는 것인지 잘 살펴보라고 했습니다.

자신의 말이 너무 과격하다는 것을 인지하고부터 문자를 보낼 때는 내게 괜찮은지 봐달라고 합니다. 미리 보내서 수정받은 문자를 보내면서 자신의 말에 대하여 인식하게 되었습니다. 사실 말은 마음에서 나오는 마음의 표현이기 때문에 정말 잘 살펴야 합니다. '말의 실수가 없으면 온전한 사람'이라는 성경구절도 있습니다.

이혼하려는 남편의 마음이 무엇인지 조금씩 헤아려 보면서 자신을 돌아보고 성찰하는 시간이 늘어났습니다. 그러면서 미처 인식하지 못하던 자신의 말의 형태가 보이기 시작합니다. 어느 정도 시간이 지나자 이런 말을 들으면 나라도 정떨어져서 살기 싫겠다고 인정을 합니다.

이분은 먼저 자신을 돌아보는 과정이 필요했고 말하는 훈련이 필요했습니다. 그런 과정을 모두 소화하기 위해 다른 사람보다 두 배의 시간 동안 만났습니다. 의사소통훈련과 더불어 주변 사람들과 잘 지내는 방법 등에 대하여 주로 사례를 들어 나누고 토론하면서 성찰의 시간을 가졌습니다. 만일 이혼하면 어떻게 살 것인가에 대한 직업적 준비과정도 살펴보면서 홀로 설 준비를 해나갔습니다.

부부가 20년을 살았는데 서로에게 믿음이 남아 있지 않고 비난하는 마음과 책임을 추궁하는 마음만 남아 있다는 것이 참으로 안타까웠습니다. 남편은 기계를 다루는 일을 하면서 미국 쪽과 무역업을 하는 사람이라 낮과 밤이 바뀌어 예민한 탓에 아내와 잘 맞지 않았나 봅니다. 의사소통이 되지 않으니 서로 원망만 남은 것 같습니다.

자녀들을 만나보았는데 둘 다 너무나 불안한 상태입니다. 큰딸의 그림은 그의 상태를 짐작하게 해줍니다. 눈이 빨간 토끼가 굴을 파고 숨어 있는데 밖에서 덩치가 큰 짐승이 들여다보는 그림을 그렸습니다. 산 위에서 몰이꾼들이 잡으러 오니까, 숨어 있는 토끼가 겁을 먹은 듯 유난히 눈을 더 빨갛게 그렸습니다.

그리고 위험한 동굴 안에 있는데 밧줄을 타고 빨리 빠져나가고 싶다면서 등산하는 그림을 그렸습니다. 빗속의 사람 그림은 우산을 손에 들었는데 쓰지 않고 비를 맞는 뒷모습을 그렸습니다. 안쓰러워서 정말 하고 싶은 일이 무엇인지 물었습니다. 비즈 공예를 하고 싶은데 돈이 없다고 합니다. 선금 5만 원을 주면서 다 만들어 오면 나중에 구매하겠다고 하였는데 그날 이후 오지 않았습니다.

재수생이 된 아들은 학원비 내라고 준 엄마의 카드로 게임 아이템을 한꺼번에 200만 원어치를 구매했다고 합니다. 딸과 아들 모두 불안한 상황에서 잘못된 선택을 하고 있었습니다. 엄마라도 중심을 잡고 단단한 마음으로 자녀들에게 안전지대를 제공했다면 하는 아쉬움이 남는 모습이었습니다.

남편에게 폭언하며 독설을 퍼붓는 것이 자신의 삶에 전혀 도움이 되지 않는다는 것을 알게 되면서 문자 보내는 것 부터 확인받기 시작했습니다. 오랫동안 그렇게 하면서 점차 스스로 좋은 말을 선택해서 사용하며 자신을 돌보기 시작했습니다. 사랑을 받으려면 사랑을 주어야 하는데 받으려고만 하는 행동이 잘못되었음을 인식하고 이해하였습니다.

정신적인 독립이 어느 정도 이루어지자 자신이 원하는 것이 무엇인지, 어떻게 말해야 하고 어떻게 행동해야 하는지를 알게 되면서 선택에는 책임이 따른다는 것을 터득하였습니다.

부부로 살다가 서로 정말 더 이상 좁힐 수 없는 간극이 존재한다면 이혼하는 게 서로의 행복을 위해서는 맞는 일이라고 생각합니다. 요즘 이혼이 흉이 되는 것도 아니고 각자 자신의 바람에 맞는 모습으로 사는 것이 서로에게 훨씬 좋으니 말입니다. 이분도 남편과 가치관이나 성격이 너무나 다르기 때문에 각자의 길로 가기로 한 후 훨씬 밝고 건강하게 살게 되었습니다.

가장 많이 화가 나고 수용하기 어려운 일은, 왜 자녀의 성적 문제와 대학 낙방을 자신에게만 책임을 추궁하는지 억울하다는 내용입니다. 아빠는 정말 돈만 주면 다 되는 것일까요? 경제적 부담만 하면 아빠로서 책임을 다한 것일까요? 자녀는 부부에게 준 선물입니다. 자녀가 성적이 오르지 않는 것이 엄마의 책임만이라고 생각하는 것에 납득이 가지 않았다는 것입니다.

아이들은 즐거움이 있을 때 학습 효과가 나타나는데 가족 간 즐거움의 요소가 별로 없어 보였던 것이 문제가 아니었을까 생각해 봅니다. 돈을 많이 주고 보낸 학원에서 억지로 앉아 시간만 보낸다고 좋은 성적이 나오지 않기 때문입니다.

오래전에 내 수업을 들었던 50세 여성은 자녀가 고3이 되자 공부하는 모습을 보여주려고 대학원에 진학했고 사회복지전담 공무원 시험에 도전하여 합격하는 열정도 보여준 적이 있습니다.

자녀는 부모의 뒷모습을 보고 자란다는 말처럼 열정을 가지고 즐겁게 인생을 사는 부모의 모습을 보면서 자녀도 자신만의 목표를 세워 성취감을 얻을 때마다 한 단계씩 성장하며 희망을 갖게 될 것입니다.

07

대각선에 그 여자 집이 있어요

부부로 살아간다는 것은 새로운 세상을 만들어내는 것과 같습니다. 살면서 여러 가지 위기를 만나지만 배우자를 전폭적으로 믿고 살다가 그게 아니라는 것을 알았을 때 당하는 좌절과 슬픔과 참담함을 어떻게 극복할 수 있을까요? 만일 나에게 그런 일이 생긴다면 나는 어떻게 했을까를 생각해보는 계기가 있었습니다. 부부의 삶에 대하여 좀 더 진지하게 성찰해볼 수 있는 계기를 만들어 준 사례를 이야기해 보겠습니다.

50대 초반의 여성이 찾아와서 아무 말도 하지 말고 2시간 동안 자기 이야기만 들어줄 수 있는지를 묻습니다. 얼마나 가슴이 답답하면 그럴까 싶어 이야기를 들었습니다. 남편이 몇 년간 외도했는데 그것을 모르고 살아온 것이 너무나 억울하다며 눈물 반 이야기

반으로 2시간 반 동안 혼자서 이야기를 합니다.

해마다 혼자 여행을 간다길래 따라다니는 것도 귀찮아서 좋은 경치 사진이나 보내 달라고 했고 매년 그렇게 혼자 여행하는 줄 알았답니다. 그런데 어떤 여성과 함께 찍은 사진이 왔는데, 여자가 남편 모자를 썼고 그 여자의 어깨를 감싸 안고 있는 모습이었습니다. 사진을 보고 가슴이 철렁 내려앉습니다. 진정되지 않는 목소리를 겨우 진정하여 전화로 따져 물으니 비가 와서 모자를 빌려주었노라는 대답을 합니다. 아무런 관계가 아니라고 해서 그럼 당장 올라오라고 했지만 결국 하루가 지나서 올라온 남편...

남편을 추궁하니 몇 번 그냥 만나본 사이라고 했답니다. 그러나 실제 차량 블랙박스를 조사해보고 여러 가지를 종합해보니 그 여성과는 매우 오랫동안 부적절한 관계를 유지하고 있었다는 사실을 알게 되었고 그 분노와 허탈감에 치를 떨고 있었습니다. 처음에 알고 나서는 매일 울고불고해도 견딜 수 없어 지인에게 도움을 구하니 상담을 받는 게 낫겠다고 하여 찾아온 경우였습니다.

남편의 전화기에 위치 추적 앱을 깔아보기도 하고, 차에 도청장치도 설치하고, 자동차의 블랙박스를 뒤져 보기도 하면서 부인은 더욱더 만신창이가 되어 살아갈 희망을 찾기 어렵다고 말합니다. 알고 보니 그 지역으로 이사를 온 것도 대각선 방향에 위치한 그 여성의 아파트 근방에 살며 매일 아침 그 여성을 차에 태워 출근을 시키고, 남편이 출근을 하는 상황이었다고 합니다.

일단 이야기를 다 들어주고 중간중간 반영적 경청을 하면서 마음의 짐을 내려놓도록 하였고 마음이 진정된 다음에 진정으로 원하는 것이 무엇인지 물어봅니다. 지금 상황에서는 가장 원하는 것이 무엇인지 모르겠고, 무엇을 어떻게 해야 할지도 모르겠다며 그냥 억울한 생각만 든다고 하소연합니다. 어떻게 그렇게 감쪽같이 속일 수가 있는지 그게 더 괘씸해서 가슴이 터질 것 같다고 합니다.

우선, 이 싸움에서 이기고 싶은지 물었습니다. 싸움의 대상이 남편인지, 자신의 마음인지를 물었습니다. 후회하고 억울해하는 것이 본인에게 어떤 도움이 되는지 자기평가를 해보게 하였습니다. 결국, 억울해하고 슬퍼하는 것이 자신에게 아무 도움이 되지 않는다는 것을 자각한 후에 자신의 선택이 매우 중요하다는 것을 알아차리게 되었습니다. 용서하고 살 것인지, 갈라설 것인지 결정하기로 하고 다음 주에 만나기로 하였습니다.

이분은 상처받은 부분과 응어리진 심정을 토해내고 해소하는데 한 달 이상이 걸렸습니다. 그림도 그렸고, 빈 의자에 남편이 앉아 있다고 여기며 울분을 쏟아부으며 화풀이를 하였습니다. 어느 정도 마음을 추스른 후에 남편에게 함께 상담을 받고 잘 살겠다고 하면 이혼하지 않겠다는 제안을 하기에 이르렀습니다.

남편의 성격검사 결과는 모험추구, 즉 자극추구 성향이 강해서 외도에 대한 죄책감이 별로 없습니다. 아내가 괴로워하는 부분에 대하여 공감하지 못했습니다. 부부 행복 프로그램을 진행하면서 남성과 여성은 서로 기질 차이가 있다는 것과 감성과 인지가 다르다는 점을 알게 되었습니다.

남편이 그 여성과의 부적절한 관계가 아내에게 얼마나 깊은 상처를 안겼는지 또한 아직 미혼인 자녀들에게 어떤 모습으로 비칠지를 스스로 평가해보면서 변화를 선택하였습니다. 당장 말하는 습관이나 행동이 칼로 자르듯 바뀔 수는 없지만 우선 생각이 변하고 점차 행동이 바뀌기 시작하면 일상적인 삶으로 돌아올 수 있습니다. 결국, 아파트를 팔아서 더 좋은 단독 주택단지로 이사를 결정했고 일상을 회복했습니다.

자신에게 도움이 되지 않는 불신과 과거 되씹기 등에서 벗어나기가 결코 쉽지 않았으나 변하겠다는 의지를 갖고 끊임없이 노력한 결과, 결실이 있었고 식사를 나누며 후일담을 나누기도 하였습니다.

먼저 자신을 믿어야 남편도 믿을 수 있는데 어떤 사건을 통해 불신이 생긴 것은 신뢰감을 회복하기가 참 어려워서 몇 배의 노력이 필요했습니다. 함께 취미생활을 할 수 있는 일을 찾아서 노래방에도 가고, 골프장에도 가고, 함께 하는 시간을 늘려나갔습니다. 반영적 경청을 배워서 공감하는 말을 사용하며 적극적으로 대화를 시도했습니다. 부부가 어려움을 이겨내고 서로를 이해하기 위해서는 공부가 필요하다는 것을 인식하면서 수업에 참여했고 배운 것을 바로 실천했습니다.

상처가 전혀 없는 상태로 돌아갈 수는 없었으나 흔적을 질 좋은 실패로 삼아 서로 조심하면서 살아가겠노라 약속하며 이혼을 선택하지 않았습니다.

부부로 잘 살아간다는 것은 어쩌면 새로운 창조를 이루어나가는 일인지도 모릅니다. 살아보지 못한 새로운 세상을 살아가는 것이니까요. 가정이라는 공간은 항상 꽃만 피어나는 것이 아니라, 거름을 줄 때도 있고 가지를 잘라 줄 때도 있는 정원과 같아서 잘 가꾸어야만 아름다운 정원이 될 수 있다는 생각을 해봅니다.

※ 부부 행복 프로그램에 관심이 있다면 <부부 행복찾기 Ⅰ, Ⅱ>(유영주, 이창숙 공저, 신정)를 읽어보시기 바랍니다.

보통의 가족이
가장 무섭다

4장

chapter. four

불행도 선택이라는 것을
알고 있나요?

보통의 사람들에게 선택이론을 통해

자신의 행동 중 활동하기 요소를 선택했다는 점을

설명하면 부인하지 않습니다.

'모든 행동을 선택한다'는 원리와 선택한 모든 행동은 자신의 통제 아래

있다는 것을 이해하고 인정하게 됩니다.

01

무엇을 하고 있습니까?

상담이론마다 주로 사용하는 방법들이 있습니다. 정신분석에서는 자유연상이나 꿈 분석 등을 주로 사용하듯이 현실치료상담에서는 W.D.E.P 체계를 사용합니다. Want*(원하는 것)*, Doing*(하고 있는 행동)*, Evaluation*(평가)*, Plan*(계획)*이라는 이 4개의 체계 중에서 E는 평가체계로써 내담자가 그들의 전행동 즉, 활동하기, 생각하기, 느끼기, 신체 반응하기가 어디로 가고 있는지 그 방향성을 묻는 데 도움이 됩니다.

내담자의 내면세계로 들어가기 위해서는 "당신은 무엇을 하고 있습니까?"라고 묻는 것이 유용합니다. 이것은 욕구를 충족시키기 위해서 어떤 행동을 선택하는가를 묻는 것입니다.

먼저 '무엇'*(What)*이란 내담자에게 자기 시간을 어떻게 보내는

지에 대하여 정확하게 묻는 것입니다. 여기서 중요한 것은 아침에 일어나서 무엇을 하고, 누구와 식사를 하고, 등등 정확하고, 세밀하게 묘사하면서 상담자가 내담자의 내면세계에 같이 들어갈 수 있도록 하는 것입니다. 내담자가 가치평가를 하거나 자기통제가 되거나 안되거나 하는 영역을 확인하기 위함입니다. '무엇'을 탐색한다는 것은 다른 각도에서 내담자의 행동을 거울로 보는 것과 같습니다. 그러면 거울을 통해 자신의 모습이 매우 초라하다는 것을 발견하는 자기평가의 시간이 됩니다.

두 번째 '있습니까?'*(Are)*라는 질문은 행위 행동*(Doing Behaviors)*에 대한 질문입니다. 내담자가 현재 욕구를 충족하기 위해 어떻게 행동하는가를 묻는 것을 의미합니다.

윌리암 글라써는 "현재 우리가 하는 모든 행동은 태어난 이후로 우리에게 일어났던 모든 일과 어떤 식으로든 연결되어 있다. 그렇지만 우리는 현재에 대해서만 수정이 가능하고, 보다 나은 미래를 설계할 수 있다. 그러나 과거에 대해서는 원상태로 되돌려 놓을 방법이 없기 때문에 과거를 말하지 않는다"라고 하였습니다.

어떤 문제가 과거의 영향을 받았다고 해도 채우지 못한 욕구와 욕망은 현재 느끼는 것임으로 현재에서 해결되어야 한다는 말입니다. 그렇다고 과거를 무시하라는 것이 아닙니다. 과거의 긍정적인 경험은 현재에 매우 중요한 열쇠가 됩니다. 예를 들어 우울한 사람에게 우울하지 않았던 과거의 경험을 묻고, 그때 무엇을 했을 때 기분이 좋았는지, 어떤 일을 하고 있었는지 알아내고 깨우치기만 하면 얼마든지 좋은 선택이 가능합니다.

세 번째로 "당신(You)은 무엇을 하고 있습니까?"라고 현재 하고 있는 일이 무엇인지 묻는 것은 현재 어떤 행동을 하는지 설명하면서 자각하게 하려는 의미가 있습니다. 보통은 자신의 행동보다 타인의 행동을 이야기하려 합니다. 그러나 변화를 위해서는 자신의 행동을 인식하고 변화하려는 것에 초점을 두어야 합니다. 물론 주변 사람의 행동도 알아볼 수 있으나 강조하는 것은 "당신이 무엇을 했습니까?"라고 질문함으로 '하고'(Doing) 즉, 활동(Acting)에 대하여 상세하게 말해보라는 말입니다.

현실치료상담에서는 감정이 문제의 원인이라기보다 내담자가 선택해왔던 전행동의 행동요소에 자연스럽게 따라오는 부수물로 여깁니다. 시험공부 하지 않은 학생의 불안한 감정은 효율적이지 못한 행동에 자연적으로 따라오는 감정이라고 보는 것을 말합니다.

현재 어떤 행동을 실행하는 것은 원하는 것과 얻은 것과의 차이가 있기 때문에 그 간격을 좁히려고 하는 것이라고 설명합니다. 비로소 그 간격이 좁혀졌을 때 욕구충족이 되었다고 생각하는 것입니다. 따라서 전행동(Total Behavior)에서 분리될 수 없는 감정은 그

갈등을 해결하고 욕구를 충족시키는 신호로 작용합니다.

화난 감정, 우울한 감정, 혼란스러운 감정들은 외부세계를 변화시키려는 노력의 한 부분으로 작동하며 그 감정의 결과로 원하는 것을 얻게 된다고 보는 의미입니다. 현실치료상담에서 감정이 매우 중요하게 다루어지는 이유는 자동차 계기판의 경고등과 같은 역할을 하기 때문입니다. 자동차에 경고등이 들어오면 기계에 뭔가 이상이 있다는 것을 알게 되듯이 전행동에서 충족되지 못한 바람과 채워지지 않은 욕구가 있다는 것이 경고등으로 나타난다고 보고 그것을 채우기 위해 노력할 수 있다고 설명합니다.

보통의 사람들에게 선택이론을 통해 자신의 행동 중 활동하기 요소를 선택했다는 점을 설명하면 부인하지 않습니다. '모든 행동을 선택한다'는 원리와 선택한 모든 행동은 자신의 통제 아래 있다는 것을 이해하고 인정하게 됩니다. 보다 나은 선택을 하려고 할 때 활동하기 요소가 변화되면 감정 요소 역시 변화된다고 봅니다. 활동하기 요소는 명백하게 눈으로 볼 수 있기 때문에 계획을 세울 때 도움이 됩니다. 예를 들어 더 나쁜 갈등상태로 가지 않기 위해 목소리를 줄이면 눈으로 확인이 되기 때문에 도움이 된다는 의미입니다.

"있습니까?"라고 질문하는 것은 자기평가를 하면서 동시에 "그런 상황을 다룰 수 있다고 생각하세요?"라고 묻는 것과 같습니다.

우리는 매 순간 W.D.E.P 체계를 이용하여 내 행동과 생각을 점검할 수 있습니다. 나는 지금 이 순간에 무엇을 원하는지, 그 원하는 것을 얻기 위해 무엇을 하고 있는지, 하고 있는 행동이 원하는 것을 얻는 데 도움이 되는지, 도움이 안 된다면 다른 어떤 계획을 세울 수 있는지를 내가 나에게 질문할 수 있습니다. 그리고 '간,즉,구,진'의 원칙에 맞는 계획을 세워 실행하면서 삶을 변화시킬 수 있습니다.

간, 즉, 구, 진

- 간단하고, 즉시, 구체적으로, 진지하게의 첫 자를 딴 말입니다.

※W.D.E.P 체계에 관하여 더 알고 싶다면 <현실치료의 적용 I >(윌리암 글라써 저, 김인자 역, 한국심리상담연구소)을 읽어보시기 바랍니다.

02

때리기만 해보라는 말에 멈춘 남편의 주먹

사람이나 어떤 동물도 매 맞고 살 이유는 없습니다. 존엄한 존재로 태어나 인간답게 살 권리가 있는 사람은 더욱 그렇습니다. 부부라는 이름, 혹은 가족이란 이름으로 타인을 때릴 권리는 없습니다. 특히 훈계라는 이름으로 자녀를 때리는 것도 용납이 안 되지만 사랑으로 살아야 할 부부간에 폭력이 존재한다는 것은 자신을 스스로 때리는 것과 같습니다. 위기에서 지혜를 발휘하여 폭력을 극복하려면 어떻게 해야 하는가에 대하여 살펴보도록 하겠습니다.

젊은 부부가 찾아 왔는데, 남편의 폭력으로 경찰에 신고한 것이 벌써 3회차가 되어 상담받고 오라는 권고를 받은 상태였습니다. 30대 초반인데 벌써 세 번째 폭력이라니 안타까웠습니다. 어렸을 때 폭력 장면에 노출된 경우에 폭력을 학습할 수 있는데, 이 남편은 외아들로 너무 귀하게 허용적인 부모의 양육으로 자라나 누군가의 통제를 받아들이기 힘들어서 아내의 잔소리에 폭력으로 반응하는 상태였습니다.

어떤 때 주로 다투게 되는지, 그와 관련하여 역할에 대한 설명을 들어보았습니다. 마트에 가면 아내가 물건을 빨리 구매하지 않고, 이것저것 구경하느라 시간이 너무 허비되어 짜증이 난다고 합니다. 그래서 구시렁대다가 집에 들어오면서 짜증이 폭발한다고 합니다. 그래서 그 상황을 똑같이 재연해보라고 했습니다.

남편은 현관에서부터 쿵쾅거리면서 물건을 집어 던지듯 내려놓고 들어가면서 짜증 섞인 말로 푸념을 합니다. “에잇, 이제 마트 같이 가나 봐라. 안 간다. 안가!” 뒤이어 따라 들어온 아내도 기분 나쁘다며 부엌으로 쫓아 들어가면서 뭐라고 좋알거립니다. 반복되는 비난에 급기야 남편의 손이 번쩍 올라갑니다. 한 대 때리려는 자세가 나오는 것이죠.

그때 아내는 “그래, 때리려면 때려! 때려 봐!”라고 하면서 대듭니다. 이때 내가 “잠깐만요”하고 아내에게 “때려, 때려!”라는 말 대신에 ‘때리기만 해봐요’라는 말로 바꾸어 말해보세요”라고 합니다. 아내가 실제로 그 말을 하자, 남편은 때리지 못하고, 손이 위에 올라가 있는 상태로 멈추어 있습니다.

여기까지 행동 재연을 멈추고 각자에게 물어봅니다. 때리려는 순간에 아내가 "때리기만 해봐요!"라고 했을 때 남편에게 어떤 생각이 드는지 묻자 "아, 그 순간에 내가 한 대 때리면 이 여자가 어떻게 나올지 상상이 안 되고 당황스러워서 멈추게 되었습니다"라고 말합니다. 아내에게도 물어보자 전에는 "때려, 때려!"하면서 얻어맞을 각오를 했는데 이 말을 할 때는 남편이 절대로 못 때리겠다는 생각이 들면서 얼른 그 자리를 피해야겠다는 마음이 생겼다고 합니다.

폭력이 통제가 안 되는 순간에 통제력을 주는 한마디 말이 상대의 행동을 멈추게 하는 효과가 있습니다. 그러므로 폭력을 자극할 것이 아니라 그 순간에 가해자가 다른 생각을 할 수 있게 만드는 것이 폭력을 멈추게 하는 것입니다.

이 부부도 부부행복 프로그램을 진행하면서 서로의 생각과 정서가 다르다는 것을 알게 되었고 새로운 생활기술과 의사소통기술을 훈련하였습니다. 아내도 남편을 자극하는 것이 결코 좋은 것이 아님을 알았고 폭력 행사에 아내의 역할도 있음을 알게 되었습니다. 결국, 서로에게 책임이 있다는 것을 인식하고 다른 행동을 모색하게 되었습니다.

결혼 3년 차인데 아이가 없어서 일단 아이가 태어나면 부모 역할을 잘해야 한다는 점에서 부부가 동의했고, '부모는 어떤 자세여야 하는가?', '어떤 말을 사용해야 하는가?'에 대하여 준비하기로 하였습니다.

남편은 평소에 누군가의 제지를 받지 않고 성장을 해왔기 때문에 아내가 필요한 부분을 말할 때마다 수용하기 어렵고 힘들다고 말합니다. 허용적인 방법으로 양육된 경우에 타인의 말을 듣기 힘들어 하고 자신의 행동을 통제하지 못할 수도 있습니다.

상담이 종료된 지 몇 개월 후에 아내가 친정에 갔는데 전화나 문자도 안 받고 친정집에 가서 두드려도 나오지 않는다는 전화가 왔습니다. 최근에 아내가 임신 중이라 예민해 있다길래 혹시 폭력이 있었는지 물으니 신체 폭력은 없었고, 심하게 언성을 높인 적이 있다고 합니다. 언어폭력도 정서적 학대에 들어간다는 점을 설명하고 아내에게 진심으로 사과하고 그런 행동을 다시 반복하지 않을 것이라는 믿음을 어떻게 줄 수 있는지 물었습니다.

다음날 처가 문밖에서 문자를 계속 보내다가 문을 열어주지 않아 밤늦은 시간에 집으로 돌아왔노라는 연락을 받고 아내가 다시 폭력을 쓰면 안 살겠다고 한 말을 기억하는지 물으니 알고 있다고 합니다. 그렇다면 어떤 노력을 하든 최선을 다해서 아내가 믿을 수 있는 행동을 하고, 폭력을 행사하지 않는 것이 중요하다는 점을 재차 강조하고 또 설명합니다.

1주일간의 지속적인 노력 끝에 친정에서 아내를 데려왔다고 합니다. 그리고 1년 후에 연락이 왔습니다. 아들을 낳아 잘살고 있으며 좋은 아빠가 되기 위해 노력하고 있다고 말입니다. 이 부부는 위기 상황을 인식하고 도움을 구하고 서로 노력했기 때문에 고난의 과정을 넘어서서 아름다운 가정을 지킬 수 있었습니다.

노력 없이 이루어지는 일은 없습니다. 더구나 인생을 살아가는 일에 있어서는 더욱 그렇습니다. 사랑으로 노력하면 안 되는 일이 없습니다.

03

이혼당할까 봐 겁나요

자신의 행동이 왜 그런 결과를 가져오는지 모를 때 불안하고 두렵습니다. 행동의 원인이나 이유를 알면 그에 대한 대처 방법을 알고 자신의 약점을 보완할 방법을 찾을 수 있는데 말입니다. 결혼하여 아이 둘을 낳고 비교적 안정된 가정에서 사는데, 왜 이혼당할까 봐 늘 두려운지 모르겠다는 분의 이야기를 통해 보통 사람들이 두려워하는 부분을 살펴보도록 하겠습니다.

프리랜서 강사로 나름 안정되고 멋진 삶을 산다고 볼 수 있는 분을 만났습니다. 강의하러 다니기가 힘들어서 남편이 반대하는데도 소형차를 구입했는데, 이 일로 남편과 자주 다툴 때마다 '쫓겨나면 어쩌지!' 하는 불안감에 힘들다고 합니다. 그리고 남편에게 문제가 있어 보이니 남편을 만나 달라고 합니다.

이렇게 자주 싸우다가 이혼당하면 어쩌나 하는 걱정에 집중해서 일을 하기 어렵다고 합니다. 남편과 통화를 해보았으나 전혀 그런 낌새도 없고 남편은 지극히 정상적이고 건강한 사람으로 보였습니다.

혹시 주변에 누군가 이혼한 사람이 있는지 물었습니다. 부모님이 자신이 초등학교 때 이혼을 했고, 새엄마가 자신을 키웠으며, 친엄마가 얼마 전에 돌아가셨는데 만나지 못했고 소식만 들었다며 말끝을 흐립니다. 엄마가 돌아가셨는데 한참 뒤에 그 사실을 알았고 제대로 된 이별을 하지 못해서 마음에 얹혀 있다고 합니다.

사람은 누구나 엄마와의 관계 속에 안정감이 생기는데 이분도 엄마를 대면하여 보고 싶었던 마음이 해결되지 않은 것으로 보였습니다. 그 애절함을 경험해보았기에 이해가 되었습니다.

남편과 다투면 시어머니가 계신 시골에 가서 하소연을 하는데, 이것은 시어머니를 내 편으로 만들려는 방법이라고 했습니다. 남편이 너무 고지식하고 완고해서 자신이 힘든 것이라고 시어머니에게 불만을 말하면 다 들어준다고 합니다. 다행히 좋은 시어머니가 계신 것도 이분에게는 복이었습니다.

사실 결혼관계란 쉽지 않고 서로의 바람에 맞추어 조절하며 조화를 이루는 과정이 필요합니다. 그런 부분에서 모델링을 할 대상이 없어서 혼란스러운 것으로 보였습니다.

집에서 다툼이 잦을 때 자녀들은 어디에 있었는가를 물으니 다투는 것을 보여줄 때도 있었다고 합니다. 분명히 아이들도 두려움이 있을 것 같아 아이들을 만나 그림을 그리며 아이들의 불안한 마음을 만져 주었습니다. 아이들 그림 속에는 이글이글 타오르는 불을 바라보며 겁에 질린 얼굴 모습이 그려져 있습니다. 아이들 마음에 화도 나고 걱정되어 놀란 모습이 드러난 것을 보고 엄마는 자신의 행동을 인식합니다. 엄마 아빠의 행동이 아이들에게 불안의 요소가 된다는 사실을 깨우치게 된 것입니다.

이분은 심상 깊은 곳에 남편에게 내쳐지는 그림이 들어 있는 것 같았습니다. 기억나지는 않지만 아마도 엄마가 어려서 집을 나갈 때의 그 모습이 저장되어 부부싸움을 하면 이혼당할지도 모른다는 불안감이 잠재되어 있는지도 모르는 상황이었습니다. 그런 생각이 들면서 마음으로는 '잘해야지' 하는데, 자신도 모르게 싸울 일을 선택하고 있다는 것을 알아차립니다.

싸울 때의 상황을 재연해보면서 평가질문을 합니다. "그 당시 그렇게 말한 것이 어떤 도움이 되었을까요?" 침묵 후에 "글쎄요, 별 도움이 안 되었을 것 같아요." "그렇다면 지금 다시 똑같은 상황이 온다면 다르게 말해볼 수 있을까요?" 한참 동안 말이 없습니다.

무의식에 숨겨진 마음이 있을 때 본인이 자각하지 못하는 사이에 자신도 모르게 하는 행동들이 있습니다. 좋은 행동보다는 부적응적이거나 역기능적인 행동을 하는 경우가 더 많습니다. 그러나 자신이 의식하지 못하기 때문에 때로는 그림으로 표현된 것을 보고 이야기를 나누면서 의식화하고 그에 대한 이야기를 풀어갈 수 있습니다.

그림을 통해 자신이 알지 못했던 것을 알아차리기도 하고 카타르시스(정화)를 경험하기도 합니다. 이 과정에서 화를 내기도 하고, 울기도 하며 여러 가지 알지 못했던 것을 정리하는 시간이 됩니다. 알아차린 후에는 다른 선택을 하게 되고, 그 선택이 책임 있는 행동으로 연결된다면 좋은 관계로 회복될 수 있습니다.

미연 씨도 자신이 왜 그렇게 '이혼하면 어떻게 하지?'라는 불안감에 싸여 있었는지, 그 이유를 조금은 알게 된 것 같다고 합니다. 나쁜 생각이 떠오를 때마다 그 생각을 전환하는 연습을 진행하였습니다. 자신과의 대화를 시도하면서 자신에게 반영적 경청을 해주면서 두려움을 알아주고 위로하며 극복하는 훈련을 했습니다. 이분은 한 달 동안은 매주 1회씩 왔으나 그 이후는 거의 한 달에 한 번 정도 찾아왔고 올 때마다 다른 모습으로 변신하였습니다.

미연 씨의 자아상을 바꾸는 데 1차 목표를 둔 것이 성공하여 자존감이 높아지고 자아정체성을 찾았습니다. 그 결과 자기가 무엇을 할 때 기쁘고, 어떤 것을 잘할 수 있는지 알게 되면서 당당한 커리어 우먼으로 원래 하던 일을 잘 해낼 수 있게 되었습니다.

스스로 자신이 구입했던 경차를 팔았고 이후에는 무엇이든 남편과 충분히 대화를 하면서 결정하게 되었으며 남편이 더 좋은 차를 사주었다고 좋아합니다.

좋은 선택은 좋은 관계를 만듭니다. 우리는 언제나 좋은 선택을 할 수 있습니다.

04

불행을 선택한다는 것을 왜 인식하지 못할까요?

불행도 선택이라는 것을 알게 되면 불행을 선택하는 사람들이 줄어들겠지요. 나도 처음에 이 말이 도대체 무슨 말이야 싶었습니다. '환경이 안 좋고, 상황이 안 좋아 내가 불행한 것이지 무슨 소리야'라는 반발심이 생겼습니다. 그러나 이론적으로 차분하게 학습하면서 그럴 수 있다는 것에 동의하면서 선택이론의 매력에 빠지게 되었습니다. 불행을 선택한다는 사실을 인식하지 못하게 하는 요인들을 살펴보도록 하겠습니다.

사람들은 평생 불행하다고 느끼는 것은 우연에 의한 것으로 생각합니다. 사실 나도 그렇게 생각했었고 환경과 운명을 탓하며 살아왔습니다. 불행이 선택이라면 그것을 선택한 것에 대한 책임을 내가 져야 하니 그게 쉽지 않은 일입니다. 그러니 그것을 받아들이는 대신 그 책임을 지기 싫어서 차라리 두통이나 우울함을 선택하게 됩니다. 우울할 때 깨달아야 하는 점은 바로 자신이 고통스러운 행동을 선택했다는 것입니다. 자신이 우울함을 선택했다는 것을 이해한다면, 더 나은 행동도 선택할 수 있음을 알게 될 것입니다.

불행을 선택하는 첫 번째 이유는 통제하에서 화를 내기 위함이라고 설명합니다. 화를 내면 다른 사람을 통제할 수 있는데 우울해하는 것으로 화를 내는 것을 대체할 때 더 많은 통제력을 얻는다고 믿기 때문입니다.

두 번째는 다른 사람들이 자신을 돕게 하려고 우울해하는 방법을 선택한다고 합니다. 우울함의 최후 수단은 자살 위협 혹은 자살 시도입니다. 만약 도움을 원한다면 그냥 도와달라고 하면 되는데 왜 그렇게 하지 않을까요? 그 이유는 거절당할까 봐 두렵기 때문이라고 합니다. 또한, 도움을 요청하는 것 자체가 자신의 나약함을 드러내는 것 같아서 즉, 구걸하는 것 같아서 구걸하지 않고도 도움을 요청하는 강력한 방법이 우울해하는 것이라고 생각한다는 것입니다.

세 번째 이유로는 조금 더 효율적인 행동을 하고 싶지 않은 마음을 변명하기 위해서라고 합니다. 두려운 상황에 직면하는 것을 피하기 위해서 우울해하는 방법을 사용한다는 의미입니다.

네 번째 이유로는 강력한 통제력을 얻기 위해서라고 하는데 통제하기 위해 강렬한 우울해하기가 반복되면 주변에서 주의를 기울이지 않게 된다고 합니다. 이런 것들로 평생 남을 통제하며 살 수는 없다는 뜻입니다.

불행을 선택한다는 사실을 인식하지 못하는 이유로는 다음과 같은 세 가지 장애가 있다고 합니다.

첫째 일시적이고 강렬한 어떤 감정은 선택한 것이 아니라 우연히 일어나기 때문입니다. 다시 말해 순간적으로 일어나는 강렬한 감정은 우연히 일어나는 일시적인 것입니다. 그래서 우리가 느끼는 모든 감정이 우연히 일어나는 것이라고 생각하지만 그렇지 않다는 말이지요. 우리가 느끼는 순간적으로 일어나는 느낌은 아주 작은 부분에 불과합니다.

예를 들어 비 오는 날 자동차가 언덕길에서 펑크가 나는 그 순간은 비자발적으로 나도 모르게 화가 납니다. '에이, 펑크가 왜 났지? 남편은 이것도 안 봐주고 뭐 했어!'라고요. 그런데 생각해보면 보험사 서비스를 이용하여 펑크 문제를 해결할 수 있고 20분 정도 기다리라는 연락을 받습니다. 그런 후에는 다른 생각이나 활동으로 음악을 듣거나 친구랑 전화로 수다를 떨 수 있습니다. 그러나 계속 화를 내고 짜증을 내고 있다면 그 화내는 감정은 선택이라는 의미입니다.

두 번째 장애로는 대부분 이런 고통스러운 선택은 자동화되기 때문입니다. 처음으로 걸음마를 배우고 나면 발을 어디에 놓아야 할지 자동적으로 알게 됩니다. 복잡한 행동일지라도 무의식적인 습관이 될 수 있습니다. 어떤 중요한 것을 생각하면서도 차를 몰아 목적지에 도달할 수 있습니다. 어떻게 운전해서 거기까지 도착했는지 의식하지 못하고서 말입니다. 이처럼 수년 동안 우울해하기를 선택한 경우에는 걸음을 걸을 때 어디에 발을 두어야 할지 의식하지 않는 것처럼 우울한 느낌도 의식 없이 자동적으로 행할 수 있다는 의미입니다.

세 번째 장애로는 자기 존중감을 잃고 싶지 않기 때문입니다. 우리는 힘과 자기 존중감에 대한 욕구가 있기 때문에 내가 우울해하거나 두통을 앓기로 선택했다는 것을 인정하게 되면, 자신이 통제력을 잃었다는 것을 알리는 결과가 되기 때문에 좌절 상황에서 통제력을 유지하려고 불행을 선택하고 있다는 의식을 억누르게 된다는 의미입니다.

불행이 우연히 찾아왔다고 해야 동정도 받고 관심도 받을 수 있고 자신이 고통이나 불행을 선택했다면 통제력을 잃었다고 보여져 자존심이 상하기 때문에 간청하지 않고도 도움을 얻기 위해서 자신이 고통을 겪기로 선택한 것이라고 설명합니다.

불행이 선택이라는 것을 알고 나서도 계속해서 불행을 선택하기란 아마도 거의 불가능하리라 생각합니다. 나도 그 사실을 알고 나서 의식적으로 노력해왔으니까요.

불행이 선택이란 사실을 더 알고 싶다면 <당신의 삶은 누가 통제하는가> (윌리암 글라써, 김인자 역, 한국심리상담연구소)를 읽어보시기 바랍니다.

05

76세인데 이혼하고 싶어요

나이가 들어도 과거에 해결하지 못한 사건이 생각날 때마다 그에 대한 보복 등을 생각하기도 합니다. 잊었다고 생각하고 억압해서 내면 깊숙한 곳에 묻어두어도 불쑥불쑥 생각나는 억울한 일들이 삶을 괴롭게 하는 것은, 사람에게는 감정의 작용이 핵심이기 때문입니다. 황혼이혼을 했다는 뉴스를 볼 때 납득이 가는 부분도 있습니다. 실제로 늦은 나이에 이혼을 원하는 분의 이야기를 나눠보려 합니다.

늦은 시간에 찾아와서 교회 권사라고 자신을 소개한 분은 76세였습니다. 이제라도 남편과 이혼하고 싶다고 합니다. 그리고 신혼 때부터 자신이 부당한 대우를 받아온 이야기를 풀어 놓기 시작합니다.

부산의 피난민촌에서부터 겪었던 여러 가지 일들을, 과거에 여성들이 당했던 모든 어려움을 겪어낸 이야기를 한참 동안 꺼내 놓았습니다. 단칸방에 살면서 혼자 돈을 벌었고, 시동생, 시누이를 결혼시켰고, 남편은 역마살이 있어서 이리저리 돌아다니기만 했던 상황에 대한 긴 이야기였습니다. 그렇지만 믿음으로 잘 극복하며 부인 혼자의 노력으로 집도 장만하고 살만하게 되었다고 합니다.

그러나 어느 순간 불쑥불쑥 '남편만 아니었으면 딸의 가정은 행복했을 텐데'라는 생각이 든다는 것입니다. 남편이 딸이 어렸을 때 때린 일로 성악이라는 재능이 있음에도 펼쳐 보지 못하고 정신과 약을 먹거나 두어 달에 한 번 병원에 입원하고 있는 사실에 화가 난다고 합니다. 맞을 때의 공포감이 정신적인 트라우마로 남아 있어 견디기 어렵기 때문에 중요한 일을 두고 맞서지 못하는 상황에 있다는 내용입니다. 딸의 일을 생각할 때마다 화가 치밀어 올라 울화통이 터져 이혼해버리고 싶다고 찾아온 것입니다. 두 시간여 동안 그분의 과거 이야기를 모두 듣고 물었습니다.

"그 모든 일은 과거에 일어난 일이고, 그 과거가 현재를 지배하게 하는 것이 도움이 될까요?"

그리고 현실치료상담의 기본적인 개념을 설명합니다. 그런데 이분은 나이가 있었으나 이해력이 좋았습니다. 한 번 만에 그 원리를 이해했다고 말합니다. 모든 일은 이미 다 지난 일이고 이제 해결할 수도 없는 일이며 자신이 어떤 생각으로 사는지가 중요하다는 것을 깨닫게 되었습니다. 행동은 자신이 선택한 것이니 자신의 책임이 맞다고 받아들입니다. 그러므로 지나간 과거에 매이고 싶지 않다고 툭 털어버리겠다고 합니다. 오히려 내가 더 놀랐습니다. 어떻게 딱 한 번에 문제가 해결될 수 있는가 해서 당황스러웠습니다. 대신 자신의 딸을 만나 달라고 합니다.

2 회기부터 딸이 왔는데 청소년기에 아빠가 때린 것이 트라우마가 되어 공포감에 쌓이면 정상적인 생활을 할 수 없다고 합니다. 30대 중반의 딸은 피아노 학원 교사를 하기도 하지만 정말 자신이 하고 싶은 것은 그림을 그리는 것이라고 합니다. 주중에는 피아노 학원 아르바이트를 하고, 주일에는 교회에서 피아노 반주로 봉사를 하는데 어느 순간 과거의 기억이 떠오르면 일이 손에 안 잡히고 진땀이 나면서 몸에 힘이 쫙 빠진다고 합니다. 그럴 때는 병원에 입원해서 며칠 정양을 해야 다시 힘이 생겨 일을 하기 때문에 정규직에 취업을 못 한다고 합니다.

남편도 생활비를 벌기 위해 택시 기사를 하거나 일용직을 하고 있다고 합니다. 딸을 만날 때마다 그림을 그리고 마음을 읽어주는

빗속의 사람 그림 검사를 보면 아무 대책이 없습니다. 스트레스 상황을 방어할 수 있는 우산이나 비옷 혹은 장화도 없이 온몸으로 비를 맞고 있는데 표정이 그려지지 않았습니다. 직면하기 어려운 모습입니다.

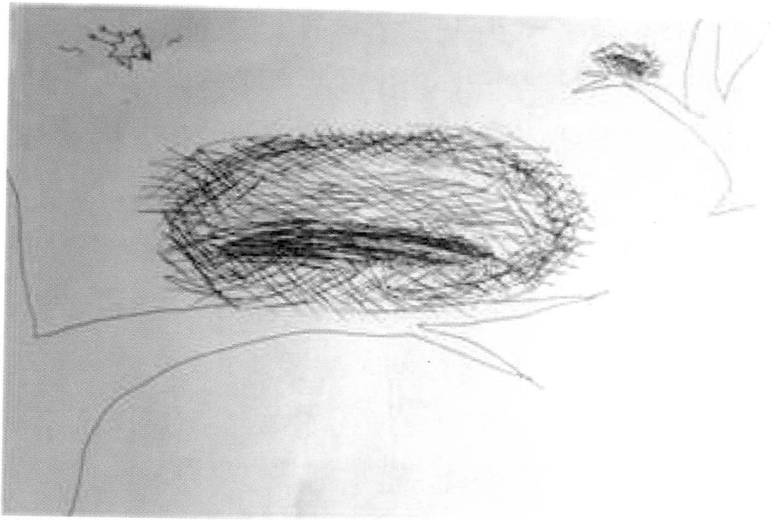

새둥지화를 통해 본 애착형성도 되지 않아서 빈둥지만 있고 멀리서 새 한 마리가 날아올 뿐입니다. 심정적으로 상당히 어려운 상태라는 것을 알 수 있습니다.

대화를 합니다. 그림 속에 나타난 것은 두려움과 분노입니다. 빗속의 사람 그림 검사를 보면 아무 대책이 없습니다. 스트레스 상황을 방어할 수 있는 우산이나 비옷 혹은 장화도 없이 온몸으로 비를 맞고 있는데 표정이 그려지지 않았습니다. 직면하기 어려운 모습을 나타냅니다. 자신이 저항할 수 없는 아이였을 때 폭언을 하면서 때리던 아버지 모습이 괴물이 되어 나타나는 무서운 꿈을 꾸면 가위에 눌려 잠에서 깬다고 합니다. 그런 일이 반복되면 불면에 빠지게 되니 정상적인 생활이 어려워 약을 장기복용 중이라고 합니다.

새둥지화를 통해 보여주는 애착형성도 빈 둥지만 있고 멀리서 새 한 마리가 날아올 뿐입니다. 심리적으로 어려움이 있음을 보여줍니다.

미술심리상담을 통해 마음 읽어주기를 여러 번 진행하였는데 그때마다 지지받는 것이 정말 좋다고 합니다. 그림을 그리면서 하고 싶었던 일을 하니까 마음이 치유되는 것 같고 힘이 생긴다고 말합니다. 이제는 병원에 입원하는 일은 하지 않겠다고 하며 꼭 필요할 때만 약을 먹겠다고 합니다.

상담을 진행하면서 자신이 왜 무기력해지는지 그 이유와 상황을 알게 되었다고 말합니다. 순간적으로 찾아오는 불안과 공포를 심호흡하면서 지나가게 두고, 다시 선택하지 않으면 된다는 것을 알았다고 합니다. 자신도 모르게 불안감과 공포감을 자신이 붙잡고 있었던 것 같다고 이해를 하게 된 것입니다. 그 순간 공포감이 오면 다른 감정으로 재빨리 치환하고 바꿀 수 있는 연습을 반복하면서 이겨낼 수 있었다고 말합니다.

우리의 생각은 얼마든지 자신이 선택할 수 있기 때문에 가능한 일입니다. 공포감에 계속 잠겨 있는 것도 자신의 선택이라는 사실을 알게 되었으니 그 순간을 벗어날 방법도 찾은 것입니다. 침을 한번 삼키고 심호흡을 크게 한번 하는 동안에 생각을 바꿀 수 있도록 연습을 많이 하였습니다.

생각을 바꾸고 나면 그것이 현실이 아니라 과거의 일이라는 사실에 안도감이 생겨서 더 크게 숨을 쉴 수 있게 되었다고 합니다. 이렇게 반복되는 연습과 훈련과 지지받음을 통해서 자기의 삶을 통제하고 기획하는 방법을 찾아냈습니다.

점차 삶의 활력소가 생겼고 일주일 동안 컬러링 북에 색칠도 하고 그림도 그리면서 안정되어 갔습니다. 상담을 마치는 날에 어머니와 딸이 같이 찾아왔습니다. 어머니는 이사하기로 하였고 남편에게 새 차를 사줬다고 합니다. 이혼하려던 남편이지만 새 차 갖기를 원해서 새로 사주었는데 사준 자신이 너무나 행복하다고 말합니다. 늘그막에 이혼녀가 될 뻔했는데 감사하다는 인사를 거듭합니다. 딸도 환하게 웃으며 자신이 하고 싶은 일을 할 수 있고, 아버지를 용서할 수 있게 되어서 감사하다고 말합니다.

이렇게 용서하게 된 데에는 어머니를 통해 아버지가 사과할 수 있는 기회를 만들어 주었기 때문에 가능했습니다. 아버지도 뒤늦게 딸에게 잘못했노라고 진심으로 사과를 했고 그 마음이 서로 전달되면서 모든 응어리가 풀렸습니다. 황혼이혼을 택하려던 가정에 무지개 같은 아름다운 평화가 찾아왔습니다.

06

공황장애가 아닐까요?

관계에 어려움이 생길 때 또는 자신이 불행을 선택한다는 사실을 인지하지 못할 때 사람들은 공황장애 같은 두려움에 떨며 이상행동을 경험합니다.

갑자기 죽음이 올 것 같거나, 땅이 무너질 것 같거나, 하늘에 떠 있는 비행기가 떨어질 것 같은 공포감이 밀려올 때가 있다고 합니다. 그런 감정의 작동이 왜 일어나는가를 알게 되면 그런 고통 속에서 벗어날 수 있습니다. 실제 그런 공포감에 사로잡혀 진정제를 넣고 다니던 분이 약을 끊고 새로운 선택을 하게 된 이야기를 나눠보도록 하겠습니다.

정신의학과에서 처방받은 약을 윗주머니에 넣고 다닌다는 중년 남성이 찾아왔습니다. 병원을 한 군데만 가면 자신의 기록이 남아 낙인이 찍힐까 봐 병원을 여기저기 쇼핑하고 있다고 합니다. 불안해서 약을 가지고 다니지만, 심할 때만 먹는다고 합니다. 자신은 공황장애라고 말합니다.

우리 센터가 5층인데 엘리베이터를 탔고, 자동차를 운전해서 왔다고 하는 것은 폐소 공포증이 아니라는 점을 알려줍니다. "어떻게 공황장애 진단을 받으셨나요? 정신의학과에 가셨으면 혹시 풀 배터리 심리검사를 하셨나요?"라고 물었지만 그런 적은 없다고 합니다.

병원에서 증상에 대하여 5분도 안 되는 시간의 이야기를 듣고 영락없는 공황장애라고 보고 약을 처방했다고 합니다. 몇 년 전 일이니 진단체계가 다르겠지만, 당시에 내가 볼 때는 공황장애가 아니며 당시 상황적인 요인들이 잠시 불안하게 한 것으로 보였습니다. 그래서 두 개 중 하나를 선택하라고 했습니다. 공황장애 워크북을 중심으로 인지치료를 할 것인지, 현실치료 상담으로 내면 치유를 할 것인지....

이분이 당시에 겪은 일들이 죽음과 관계된 일이 많았다는 것을 알았습니다. 건강하던 부친이 갑자기 돌아가셨고, 또 얼마 지나지 않아 친한 친구가 40대 후반에 사망하는 일이 생겼다고 합니다. 그런데 어느 날 엘리베이터에 있는데 얼굴에 진땀이 나고 갑자기 무서워지면서 곧 죽을 것 같은 공포감이 몰려왔다고 합니다.

건강하던 주변인이 갑자기 사망하게 되면서 인간의 삶이 얼마나 덧없는지, 또한, 얼마나 약한지에 대하여 생각하자 그런 증상이 나타났다고 합니다. 그럴 때 자신이 죽음 앞에서 아무것도 할 수 없다는 무력감을 경험하였고 점점 더 두려움이 몰려오게 되었다고 합니다.

이분에게 행복도, 불행도 선택이라는 개념을 설명하였습니다. 우리의 심리적 사진첩 안에 들어 있는 사진이 우리의 행동을 이끌어간다고 설명하였고 <당신의 삶은 누가 통제하는가>라는 책을 읽어보라고 권유하였습니다.

그리고 최근에 가장 하고 싶었던 일이 무엇인지, 또는 가장 잘하는 일이 무엇인지를 물어보면서 클레이로 자동차를 만들게 하였습니다. 만들기에 집중하면서 떠오르는 생각을 나누기로 하고 지켜보았습니다. 고요한 중에 집중하면 자신의 바람을 찾을 수 있기 때문입니다.

그런데 이분은 자동차를 정말 정교하게 잘 만들었습니다. 갖고 싶은 자동차를 만들라고 했는데 길이가 긴 '롤스로이스'를 만들었습니다. 휠의 바큇살까지 표현했고, 자동차의 헤드라이트까지 붙여서 정말 섬세하고 아름답게 만들었습니다. 그냥 보기만 해도 꿈의 자동차로 보였습니다. 자신이 평소에 갖고 싶은 차를 만들었다고 합니다.

아무것도 보지 않고 혼자 생각에 잠겨 만들어낸 자동차가 실제로 다르지 않아 깜짝 놀랐습니다. 무슨 일을 하는지 물었더니 손으로 세공하는 일을 하고 있다고 합니다. 손재주가 뛰어났고 손으로 하는 모든 일을 좋아한다고 합니다.

그런 작업을 두어 번 하면서 이야기를 하는 동안 자신에 대한 이해가 깊어지면서 자신이 현재 왜 두려움에 잠기게 되었는지 스스로 알아차리게 되었습니다. <당신의 삶은 누가 통제하는가>*(윌리암 글라써, 김인자 역)*라는 책을 정독하면서 선택이론의 원리를 이해하게 되었습니다. 자신이 무엇인가 해보려고 시도할 때마다 아내가 지지를 해주는 것이 아니라 그동안 시작하고 중도에 그만둔 일을 지적하고 비난하였기 때문에 뭔가 또 해보고 싶어도 금방 또 못할 것이라고 비난을 할까 봐 불안하다고 말합니다.

최근에 시작한 일 중 하나가 헬스 회원권을 사놓고 운동을 하다 말았는데 그런 일들을 이해받지 못한다고 생각하고 있습니다. 또한, 아내는 다른 사업을 하는데 너무나 잘되어서 그 업계에서 인정받고 잘 나가는데 자신은 너무나 축소되는 것 같고 비교가 되어 힘들다고 합니다. 또한, 목공을 배우고 싶어 등록하고 싶은데 또 뭐라고 비난할까 봐 망설이고 있다고 합니다.

W.D.E.P 체계에 대해 설명을 하고 현재 가장 원하는 것이 무엇

인지, 그 원하는 일을 이루는데 어떤 행동을 하는지, 또한 그 행동이 얼마나 도움이 되는지 평가해보라고 말합니다. 그리고 그게 도움이 안 되었으면 다른 일을 계획해보라고 합니다. 이런 공식에 가까운 W.D.E.P 체계는 그 이론을 이해하기만 하면 매우 빠르게 자신의 삶을 통제할 수 있습니다.

이분은 총 3회기 참석하고 그 이후에 오지 않았습니다. 왜 안 오는지 물으니 다 나았기 때문에 올 필요가 없다고 합니다. 자신이 왜 그런지 이유를 알았고, 해결 방법을 찾았기 때문에 안 와도 된다는 얘기였습니다. 그래서 본인이 치료되었는지 어떻게 아는가를 물었습니다. 병원에서 종합검진을 통해 자신에게 아무 질병이 없다는 것이 확인되었고, 사실 무슨 큰 병이 있는 줄 겁을 먹고 있었는데 그렇지 않다는 것에 안심을 했더니 진땀이 나거나 두려운 감정이 일어나지 않는다고 말합니다.

그리고 관계나 모든 일에 있어서 자신의 선택이라는 사실을 이해하게 되었기 때문에 자신을 돌아보고, 돌볼 수 있는 마음 근력이 생겼다고 말합니다. 이제 아내가 잘 나가도 인정해줄 것이며 아내와 비교하지 않겠다고 말합니다. 그리고 떳떳하게 자신이 하고 싶은 것을 선택해서 해볼 것이라고 말합니다.

가장 가까운 사람과 관계에 어려움이 올 때 불안을 대체하는 다른 행동으로 공황장애 비슷한 증상을 선택했다는 원리를 이해하였습니다. 그 결과 다른 선택을 적극적으로 할 수 있는 방법을 알게 되었고 자신의 몸에 이상이 없다는 것을 알고 안심하게 되었습니다.

07

당신의 행동이 원하는 것을 얻는 데 도움이 되나요?

처음 현실치료를 배울 때 "그런 행동이 도움이 되나요?"라는 질문에 아주 신선한 충격을 받았습니다. 당시만 해도 모두 인과론에 익숙해서 이것은 이래서 그렇고, 저것은 저래서 그렇다고 판단하고 분석하는 습성이 몸에 배어 있었고 특히 도덕적인 율법주의에 파묻혀 있어서 정죄의식이 강했던 시절인데 그런 질문을 받으니 망치로 맞은 느낌이었습니다. 잔잔한 물결에 파문이 일어나듯 고정관념을 깨뜨려 나가게 된 평가질문에 대하여 살펴보도록 하겠습니다.

"그 행동이 원하는 것을 얻는 데 도움이 되나요?"라는 질문은 매우 충격적이라 할 만큼 도전적이며, 파괴적이며 생산성 있게 던져지는 파문과 같습니다. 이런 평가질문을 받은 당사자는 순간적인 가치판단을 통해 새로운 생각이 일어나면서 뭔가 새로운 경험을 하게 됩니다.

내담자에게 평가를 요청할 때 상담자에 의해 판단하는 것보다 내담자에 의한 가치판단이 이루어지는 것이 매우 중요합니다.

먼저 평가의 기본적인 형태는 "당신의 행동이 당신에게 도움이 됩니까? 해가 됩니까?"라고 묻는 것입니다. 그 말은 '자신의 행동이 최고의 이익을 줄 수 있는가?'라고 묻는 것이며, 자신의 행동이 현재는 물론이고 미래에도 가장 바람직한 방법으로 이끌고 갈 수 있는지를 묻는 것입니다.

두 번째 평가로는 "당신이 지금 하고 있는 행동이 원하는 것을 얻는 데 도움이 됩니까?"라고 물으면서 구체적인 평가를 시작합니다. 최근의 행동이 바람과 욕구를 충족시키는 데 효과가 있었는지를 묻는 것입니다.

예를 들어 우울증을 겪고 있는 사람이 어제는 오전 11시에 일어나서 밥을 먹고, TV를 보다가 오후쯤 방문한 사람과 잡담을 하다가, 저녁에는 TV를 보다가 잠자리에 들었다고 한다면 "온종일 운동도 하지 않고 지낸 것이 기분을 좋게 하고 건강을 유지하는 데 도움이 됩니까?"라는 질문을 할 수 있습니다.

또한, "어제와 같은 행동이 외출할 때나 기분을 전환하는 데 도움이 되나요?"라고 질문하면서 최근의 행동이 원하는 것을 얻는

데 효과적인지에 대하여 가치평가를 하도록 요구하는 의미가 있습니다. 이때 내담자는 최근 행동을 자세히 살펴보면서 충족되지 않은 바람과 욕구를 상세하게 확인할 수 있습니다.

세 번째 평가로는 "당신이 하고 있는 행동이 규칙에 어긋납니까?"라고 묻습니다. 그 행동이 수용할 만한 행동인지, 받아들여질 만한 행동인지 물어봅니다. 내담자가 규칙을 위반한 사실에 대하여 스스로 평가하도록 합니다. 새로운 정보를 받아들이는 것보다 거울을 통해서 보듯이 자신의 행동을 평가하면서 의식화하는 것이 도움이 됩니다.

네 번째 평가로는 "자신이 원하는 것이 현실적이거나 실현 가능한 것입니까?"라고 묻습니다. 내담자가 원하는 것이 비현실적일 수도 있기 때문에 구체적인 평가를 하게 합니다. 상담자는 내담자의 바람이 현실적으로 성취될 수 있는 것인지에 관해 초점을 맞춥니다.

다섯 번째 평가로는 "그런 식으로 보는 것이 당신에게 도움이 됩니까?"라고 묻습니다. 이런 질문을 통해 내담자의 가치판단과 세상을 바라보는 방법에 대하여 관심을 보일 수 있습니다.

여섯 번째 평가로는 "상담의 진행을 위해 그리고 당신을 변화시키는 데 얼마나 노력하겠습니까?"라고 묻습니다. 내담자가 문제해결과 보다 나은 자기통제를 하기 위해 얼마나 성실하게 참여할 것인지를 묻고 자기평가를 하도록 합니다.

보통 상담을 진행하는데 하는 약속에는 5가지 수준이 있습니다.

첫 번째는 "나는 변화하고 싶지 않아요. 이건 내 문제가 아니라 부모님 혹은 배우자가 원하는거예요"라고 하면서 문제를 받아들이지 않는 비자발적 내담자가 있습니다.

두 번째는 "변화는 하고 싶지만, 노력은 하고 싶지 않아요"라고 하는 내담자는 실행계획은 세우지만, 노력을 하지 않아 실패하게 되는데 이런 예로는 체중감소를 위한 다이어트와 관련하여 식사조절에 실패하는 경우입니다.

세 번째는 "노력해보죠"라고 단순하게 약속하는 내담자는 실패의 씨앗을 키우게 됩니다. 변화하겠다는 순수한 열망은 있으나 행하는 데는 실패할 수 있는 경우입니다.

네 번째는 "최선을 다하겠습니다"라고 약속을 할 때 높은 수준의 동기부여가 되어있다고 볼 수 있습니다. 이 경우 변화에 대해 내담자가 강한 열망을 가지고 있는 것입니다.

다섯 번째는 "결과가 어떻게 되든 열심히 하겠습니다"라고 한다면 최고 수준의 약속이고 실패와 변명의 여지를 남겨두지 않습니다. 이런 확고한 약속이 있을 때 결과가 좋은 것은 당연한 일입니다.

내담자의 다양한 수준을 잘 살피면서 내담자의 수준을 높일 수 있도록 노력해야 합니다.

마지막 평가로는 "도움이 되는 계획입니까?"라고 묻습니다. 이 부분은 마지막 계획 과정에 대한 질문으로써 욕구를 충족시키고 단순하며 실현 가능한가 등을 결정하게 하는 질문입니다.

이러한 평가질문을 중간중간 받다 보면 자신의 행동을 들여다보고 행동을 바꿀 수 있고 바꾸겠다는 결단이 자연스럽게 이어지게 됩니다. 변하려는 의지가 생겨야 생각이 바뀌고, 생각이 바뀌어야 행동이 수정되고 원하는 것을 얻을 수 있습니다.

5장
chapter. five

친밀한 인간관계 만들기

자신의 내면에 너무나 큰 짐이나 슬픔이 해결되지 않은 채
자리 잡고 있다면, 그 불안에서 벗어나고자
창의적인 정신신체질환을 가질 수 있습니다.
어렸을 때 큰 어려움을 당했는데 제대로 돌봄을 받지 못하면
자신이 무가치한 존재라는 인식이 심어지고 중독행동이나
역기능 행동을 선택할 수 있습니다.

01

또 이혼하기 싫어요

"결혼은 해도 후회, 안 해도 후회다"라는 말을 합니다. 그만큼 결혼이 중요하며 어려움이 함께한다는 의미로 이해할 수 있습니다. 결혼에 한 번 실패했는데 또 실패할 것 같은 위기감이 들 때 '보통 사람들은 어떻게 대처할까'라는 생각이 들게 했던 30대 중반의 여성 이야기를 해 보겠습니다.

30대 초에 초혼에 실패하고 초혼의 총각과 재혼한 지 1년도 안 된 신혼인데, 남편이 유부녀와 부적절한 관계에 있음을 알게 된 여성이 저에게 전화해서 대성통곡을 합니다. 무슨 일인지 물어도 울기만 합니다. 한참을 울고 나서 상담하러 오겠다고 합니다.

상담하러 온 여성은 남편을 설득해서 함께 왔다고 합니다. 남편이 한 번 정도 실수한 것으로 이해하고 용서하면서 살겠다고 말합니다. 처음에 욕구 강도 체크리스트를 점검하면서 서로의 욕구를 파악해보라고 하였는데 서로에 대하여 너무나 모르고 있었습니다. 상대방이 무엇을 좋아하는지, 어떤 성향인지, 어떨 때 좋은지, 나쁜지 등등 서로를 이해하지 못하는 부분이 참 많습니다. 다른 심리검사 결과는 남편에게 약간의 반사회성이 있고 모험추구 성향이 강합니다. 그러니 죄책감이 별로 없고 여성은 너무나 깔끔한 성격이라 수용이 안 되는 상황입니다.

둘의 회복을 위해 미술심리 기법을 사용하고 여러 가지 상담 기법을 동원하였습니다. 개별 상담도 진행하고 남편의 어머니도 만나보고 여러모로 방법을 찾아보았습니다. 남편은 엄마가 자영업을 하면서 어렸을 때 도시락이나 밥 등을 제 때에 차려주지 못한 것 때문에 허전함이 있었는데 유부녀의 따뜻함과 편안함이 좋았던 것 같다고 합니다.

여성은 처음에 이혼에 대한 두려움이 남아 있어서 '또 이혼하면 어떡하나?'라는 마음이 자신을 옥죄고 있다고 합니다. 이를 극복하려면 당당한 자기개념과 자기주장을 할 수 있는 내적 힘이 필요해서 그것을 목표로 삼았습니다. 남편에게 따지고 들면 이혼하자고 할까 봐 큰 소리도 내지 못하고 속으로만 끙끙대며 슬픔을 감추는 모습이 너무나 안쓰러웠습니다.

서로 다른 환경에서 30년 이상 살던 사람들이 모여 부부로 살아가는 것이 쉽지 않은 게 사실입니다. 그런데 남편은 부적절한 관계의 상대녀를 잊을 수 없다고 말합니다. 정서적으로 그 사람이 훨씬 편해서 좋다고 말합니다. 이런 경우 마음이 끌리는 대로 행동하기 때문에 참 회복하기 어려운 점이 있습니다. 어쩌다 실수한 것이 아니라 자신이 좋아서 선택한 일이기 때문입니다.

그렇다고 부인에게 사실대로 말하여 상처를 줄 수도 없으니 답답한 일입니다. 서로에게 매일 편지를 쓰게 하고, 함께 놀러 갔다 오라고 하고, 그때 어땠는지 함께 그림을 그려보라고 하고, 다양한 방법으로 많은 노력을 기울였습니다. 그리고 부인이 앞으로 외도에 대한 책임을 지는 의미로 아파트를 공동명의로 바꾸어달라고 요구했습니다. 그래야 약속을 지키는 것으로 믿겠다고 말합니다.

남편이 상대녀와 찍은 사진을 컴퓨터에 보관했는데 그것을 아내가 보고 말았습니다. 그런데 그것을 보았다고 말도 하지 못합니다. 그것을 말해버리면 실제로 이혼이 이루어질까봐 숨기고 있습니다. 혼자서 그 장면의 기억 때문에 괴로워합니다. 남편이 일 나가고 혼자 있을 때 자꾸 생각이 나서 울화통이 터져서 못 살겠다고 말합니다.

외도를 했으면 들키지를 말든지, 왜 자신에게 고통을 주는지 억울하다고 합니다. 머릿속 사진을 지울 수도 없으니 괴로운 일입니다. 이 여성분은 미술심리상담사 과정도 공부하면서 스스로 셀

프 상담을 해보려고 엄청난 노력을 기울였습니다. 만일 또 이혼하면 자신은 이제 이혼의 딱지가 붙어서 살아갈 수 없을 것 같다고 고민합니다.

좋은 세계의 사진을 두 사람 간 행복한 사진으로 채우고 순간순간 떠오르는 생각을 바꾸는 훈련을 진행하였습니다. 일시적으로 안 좋은 감정과 생각이 떠오를 수 있으나 그것을 자신이 계속 유지하는가 마는가는 전적으로 본인의 선택이며 책임인 것을 인지하도록 훈련하고 연습하였습니다.

매일 시간을 정해놓고 떠오르는 생각을 적어보는 연습을 합니다. 얼마나 부정적이고 역기능적인 생각을 하는지를 알기 위해서입니다. 그러면서 점차 자기 생각을 통제할 수 있고 조절할 수 있는 힘을 증가시켜 나갔습니다. 안 좋은 생각 더미를 떨쳐내며 자신이 원하는 생각과 의지로 채울 수 있도록 노력하였습니다. 이 여성은 강아지와 산책하는 시간을 아주 많이 가졌습니다. 거의 집안에 있지 않았고, 밖에서 시간을 보내며 산책하고 또 산책하면서 자신을 통제하려 애를 썼습니다.

부부로 잘살아가는 것이 쉬운 일은 아닙니다. 내가 나를 이해하기도 버거운데 다른 사람까지 이해해야 하고 맞추어 가는 것이 쉽지 않기 때문입니다. 내가 나를 사랑한다면 다른 사람도 사랑할 수 있습니다. 내가 나를 잘 이해한다면 다른 사람도 이해할 수 있습니다. 무엇보다 자신을 통제하듯 타인을 통제하려 하지 않는 것을 배우는 것이 중요합니다. 내가 내 의식을 통제하는 것도 힘에 겨운데 타인까지 통제하려 들면 더 어렵고 통제가 되지 않고 갈등만 생기기 때문입니다.

다행히 남편의 사업이 잘되어 부인이 사무실에 나가 돕게 되면서 함께 지내는 시간이 많아지고 회복할 기회가 주어졌습니다.

사랑하는 것과 책임을 지는 것에는 수고와 애씀이 필요하며 삶이 중요하고 엄숙함으로 채워져야 한다는 것을 배우는 사례였습니다.

02

계획과 실행의 방법

현실치료상담의 W.D.E.P 체계 중에 Plan은 마지막 단계로서 상담을 마무리할 때 다음 과정을 하기 전에 활동하기 행동을 계획합니다. 이 계획이 진행중심이면서 측정하기 쉬운 형태로 세워질 때 효율적인 선택이 가능하고 좋은 결과가 나타날 수 있습니다. 상담을 마무리하는 과정인 계획하기를 어떻게 해야 할지 살펴보도록 하겠습니다.

평가질문을 통해서 중간중간 상담의 구조를 새롭게 정리해나가면, 계획을 세우면서 상담을 마무리할 수 있게 됩니다. 상담의 목표는 내담자가 바람과 욕구를 충족시킬 수 있는 계획을 세우도록 하는 것입니다. 계획을 세울 때는 다음의 원칙에 맞게 세우면 도움이 될 수 있습니다.

첫째, 욕구가 충족되는 계획을 세웁니다.

둘째, 단순한 계획을 세웁니다.

셋째, 현실적이고 실현 가능한 계획을 세웁니다.

넷째, 행위를 중지시키기 보다는 새로운 행동을 하도록 하는 계획을 세웁니다.

다섯째, 행위자에 기초한 계획을 세웁니다.

여섯째, 구체적인 계획을 세웁니다.

일곱째, 반복적인 계획을 세웁니다.

이 반복적인 계획안에서 가장 중요한 것은 다음 네 가지입니다.

- 첫째, 다른 사람들에게 매일 접근하기.
- 둘째, 매일 어떤 일을 성취하기.
- 셋째, 즐거움을 갖기.
- 넷째, 독립적으로 하기.

여덟째, 조속한 계획을 세웁니다. 즉, 오늘 실행할 계획을 세우라는 말입니다.

아홉째, 현실적인 계획을 세우도록 합니다.

열 번째, 진행 중심적인 계획을 세우도록 합니다.

이상의 10가지 계획이 너무 많고 복잡해서 임상 현장에서는

'간.즉.구.진' *(간단하고, 즉시, 구체적으로, 진지하게 할 수 있는)* 계획을 세우라고 말합니다. 이 말이 다소 생소하게 들리더라도 상담을 마무리하는 단계에서 이렇게 간단하게 정리해서 무엇을 할 것인지 정하고 과제를 부여하면 대부분 잘 수행하고 변화를 가져옵니다.

단호하게 약속을 지킬 것을 당부할 때 계획에 대한 약속의 방법에는 여러 가지가 있습니다. 즉, 계약서에 서명하는 방식 혹은 손가락 걸기, 악수 등입니다.

"당신은 정말 이 계획을 실천하시겠습니까?"

"여기에 적힌 대로 하겠다고 용지에 서명해주시겠어요?" 등으로 약속을 받습니다.

"당신 마음이 변하거나 계획대로 하지 않게 되면 어떤 결과가 나타나게 되겠습니까?" 등의 질문으로 확인합니다.

이렇게 계획을 세우고 약속받는 이유는 우리가 자신의 운명을 변화시킬 수 있는 존재라는 것을 확인시키고, 스스로 선택하여, 한 일에는 책임을 지는 것이며 그 책임을 완수함으로 성취감을 가질 수 있도록 하기 위함입니다.

이런 식으로 새롭게 계획을 세우며 활동을 함으로써 행복을 선택하며 만족한 삶을 만들어갈 수 있습니다. 이런 경험이 쌓이면서 우리가 감정이나 삶에 대하여 더 많은 통제력을 발휘할 수 있는 존재라는 것을 확인하면서 성장과 변화가 일어납니다.

현실치료 상담에서는 우리는 행복하기 때문에 노래 부르는 것이 아니라 노래를 부르니까 행복해진다는 미국 심리학의 아버지 윌리암 제임스*(William James)*의 이론을 믿고 그대로 실천합니다. 윌리암 글라써*(William Glasser)*도 "노래 부르기를 선택할 때, 우리는 언제나 행복하다"고 말합니다.

행복을 선택하며 오늘은 어떤 노래를 먼저 부르기로 마음을 정했나요?

03

싱크대에 벌레가 생겼어요

자신의 내면에 너무나 큰 짐이나 슬픔이 해결되지 않은 채 자리잡고 있다면, 그 불안에서 벗어나고자 창의적인 정신신체질환을 가질 수 있습니다. 어렸을 때 큰 어려움을 당했는데 제대로 돌봄을 받지 못하면 자신이 무가치한 존재라는 인식이 심어지고 중독 행동이나 역기능 행동을 선택할 수 있습니다. 부부 모두 재혼하여 자녀 둘을 둔 부부 중 엄마의 역기능 행동으로 어려움을 당하는 가족 이야기를 나누어 보려 합니다.

유치원 들어가기 전의 여자아이 둘을 데리고 찾아온 부부는 30대 후반이었는데, 아이들의 표정은 겁에 질려 있었고, 웃음기가 전혀 없었습니다. 심리검사 결과 아내는 수치상 경계선 성향이 나타났고 심리검사 수치만 가지고 진단하기에는 어려운 케이스였기 때문에 다른 전문기관으로 가기를 권유했습니다.

그러나 여자분은 돈을 집어 던지면서 왜 돈 내는데 상담을 안 해주느냐고 항의를 합니다. 남편은 그냥 몇 번만이라도 만나 달라고 사정합니다. 아이들은 울상을 짓습니다. 그 아이들의 겁먹은 얼굴을 그냥 보낼 수가 없어서 아이들과 먼저 그림 그리기를 하며 이야기를 나누었습니다.

남편은 아내가 설거지를 하지 않아서 구더기가 생긴다고 합니다. 아이들 식사도 제때 챙겨 주지 않아서 유치원 가는 아이가 굶고 갈 때가 많다고 합니다. 월급 타다 주면 1주일 안에 홈쇼핑으로 돈을 다 쓰고 만답니다. 아무리 재혼이지만 이럴 수가 없다면서 이혼하면 아이들이 너무 불쌍하니까 그냥 고쳐서 살고 싶다고 합니다. 초혼 때는 아이가 없었고 한 달 만에 이혼했기 때문에 이번에는 잘 살고 싶은데 어떻게 해야 할지를 모르겠고, 직장에 가서도 아이들 걱정에 일이 손에 안 잡힌다고 하소연합니다.

칼라지노를 통해 가족 간 심리적 거리를 조사해보니 남편은 혼자서 원 밖에 나가 있고 돈만 벌어오는 사람이라고 표현을 합니다. 아내는 스스로 불량주부라고 말합니다. 보통 엄마는 자녀들과 가까운 거리를 보이는데 자녀들과 상당한 거리가 있는 것으로 나타났습니다. 그러니 아이들의 식사도 잘 챙기지 못하나 봅니다.

자아강도 그림에서 남편은 나무의 아랫부분을 부실하게 그렸

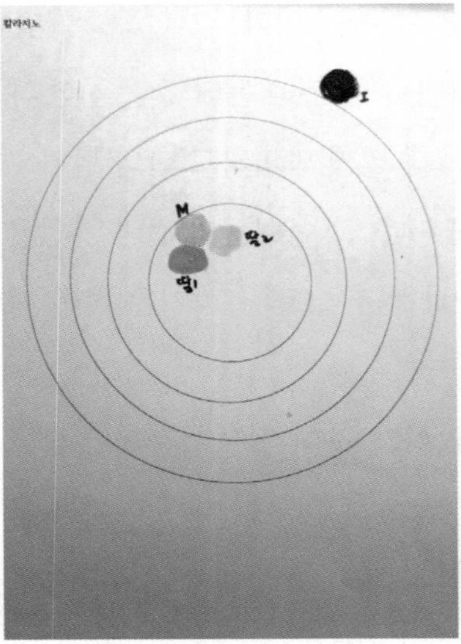
I
M
딸2
딸1

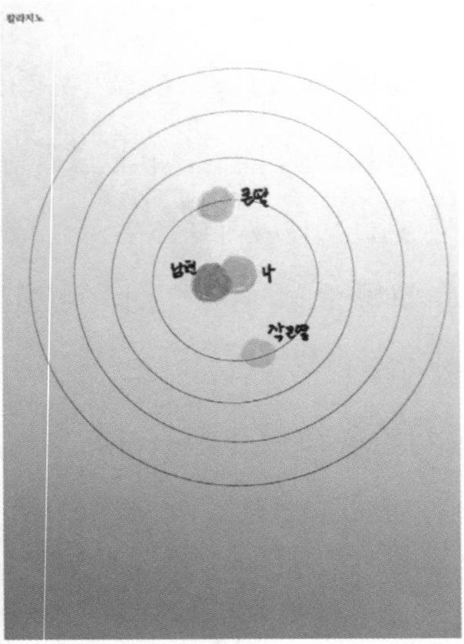
큰딸
남편
나
작은딸

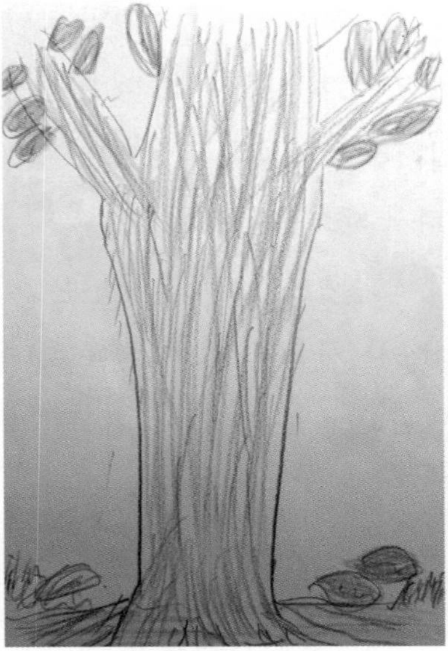

고 아내는 사과열매를 많이 그린 것으로 보아 채우고 싶은 욕구가 많고, 나무 옆에 나비를 그린 것은 자유롭고 싶은 마음이 있는 것입니다.

아내의 이야기는 과거부터 시작이 됩니다. 친정엄마가 오빠들에게만 잘해주고 자신에게는 아무 관심도 없었다고 원망합니다. 생리대 사용법도 몰라서 뒤집어서 사용했다고 합니다. 그리고 초등 5학년 때 동네 어른에게 성폭행을 당했는데 그에 대하여 아무도 자신을 돌봐주지 않았다고 합니다. 그런저런 원망이 아내의 생각과 영혼을 지배하니까 분노로 가득 차 있었습니다. 분노 조절이 안 되어 누군가 건드리면 터져버릴 풍선과 같이 부풀어 있는 상태였습니다. 주로 시어머니와 충돌이 많아 시댁에는 가지 않는다고 합니다.

어려서 받은 상처를 치유하지 못해서 생긴 일들이 현재를 힘들게 하는 경우인데 어쨌든 과거를 바꿀 수는 없으니 과거의 상처를 현재로 가져와서 치료해야 함을 설명하고, 그림을 그리면서 반영하고 위로하고 선택에 관한 개념을 설명합니다. 그러나 그 순간이 지나면 원래 상태로 돌아갑니다. 아이들만 미술치료로 조금씩 안정감을 찾아갑니다.

어느 날 남편에게 전화가 와서 다급하게 말합니다. 아이가 폐렴에 걸렸는데 아내가 병원에 보내지 않고 있다고 합니다. 의사가 과잉진료하는 것이며 믿을 수 없다고 입원시키지 않는다는 내용이었습니다. 전화로 달래면서 폐렴인데 치료 안 하면 죽을 수도 있다고 말하며 아이들이 예쁘지 않으냐고 엄마는 이런 때 병원에 입원시켜야 한다고 설득하고 달래면서 권유합니다. 겨우 알아듣고 입원을 시켰고 치료가 되어 2주 후에 만났습니다.

보통의 가족들 일상에서 타인을 믿지 않는 것이 얼마나 위험한지 보여주는 실제 사례였습니다. 성장기에 당한 억울한 일과 자신의 편을 들어주지 않은 엄마에 대한 원망이 이 여성의 삶을 불신으로 채우고 말았습니다. 엄마로부터 애정과 지지를 받아야 할 나이에 시골에서 농사를 짓는 엄마는 아이들을 돌보는 데 힘이 모자랐나 봅니다.

어느 날은 남편이 집에 왔는데 아파트 문이 열리지 않는다고 합니다. 비번을 바꾸고 아이들을 데리고 친정으로 가버렸습니다. 이 여성은 분노감이 밀려오면 자신도 통제가 되지 않아 극단적인 행동을 통해서 주변의 관심을 끌어모으는 상태입니다. 그런데 그런 극단적인 행동은 오히려 더 나쁜 결과를 가져옵니다. 충동적인 행동이 쇼핑중독으로 나타나 홈쇼핑 방송을 온종일 볼 때도 있다고 합니다.

남편과 아이들은 심리적으로 상당히 안정을 찾았고 아내를 이해해보려고 노력을 기울였습니다. 그러나 아내는 선택에 대한 이론도 이해를 못 했고, 자신에 대한 이해도 되지 않았습니다. 원망과 불평 속에서 자신의 삶을 소비하고 있었고, 쓰지도 않는 물건을 사며 순간의 성취 기쁨에 치우쳐 쇼핑중독이란 물질중독에 빠져 시간과 돈을 허비합니다.

그리고 남의 이야기를 전혀 듣지 않습니다. 건강한 이성과 판단이 작동하지 않고 왜곡된 인지가 자동으로 부정적 장면을 인지하고 공격하니까 주변에 사람이 없고 친구도 다 도망갑니다. 본인이 어떤 환경에서 벗어나고자 하는 의지적 노력과 누군가의 조력이 있을 때 어려움을 극복하고 이겨낼 수 있는데 이분은 변화하고 싶은 마음은 있으나 실행을 하지 않는 상황이라 매우 힘들었습니다. 결국, 마지막 만남에서도 남편과 다툼으로 그동안의 수고를 헛되게 만들었습니다.

남편이 전에는 행동의 결과를 놓고 싸움을 많이 했는데 이제는 아내의 마음을 이해해주려고 노력하고 대화를 이끌어서 달래야 한다는 것을 알게 되었다고 합니다. 어릴 때 엄마에게 지지받는 형태로 달래면 소통이 되는 경우가 많았기 때문입니다.

이 여성의 내면에는 우는 아이가 있습니다. 성인으로 성장하지 못하고 슬퍼하고 있는 어린아이는 버려진 것 같아 슬프고 자신의 편이 없다고 느껴져서 분노하고 화가 납니다. 그래서 충동적인 행동을 합니다. 그러나 현실치료 상담에서는 순간적인 분노나 화가 나는 것은 비자발적으로 생긴 행동이나 그 이후 화를 계속하여 내는 것은 선택이라고 말합니다. 이런 이론에 대한 이야기를 귀담아듣고 본인의 삶에 적용하면 조금이라도 변화가 오는데 이분은 기미가 보이지 않았습니다.

남편이 현실치료 상담의 기본이론인 선택에 관하여 이해하고 아내를 이해하며 아이들 돌봄에 신경을 쓰기로 결단하는 것으로 상담을 마무리하였습니다.

누군가를 응원하거나 지지하는 것에는 진심으로 수용하고 공감하면서 반영을 해주어야 하는데 이분에게 남편의 응원과 진심이 전달되어서 진정한 변화가 오기를 간절히 기도했던 사례였습니다.

※내면에 우는 아이에 대하여 더 알고 싶다면 <오은영의 화해>를 읽어보시기 바랍니다.

04

친밀한 인간관계 만들기

부모와 자녀 혹은 부부간에 친밀한 관계를 유지하려면 함부로 할 수 있는 부분을 최소화하고 말하는 방법과 듣는 방법을 익혀야 합니다. 가장 가까운 가족에게 인정받는 사람이 진정한 인격과 온전한 인성을 가지고 있는 것입니다. 상대방을 인격적으로 존중하고 인정해 주는 말은 별도로 배우고 훈련해야 익숙해질 수 있습니다. 이 부분에 대하여 나누고자 합니다.

어린아이를 집안의 장식품처럼 취급하지 않고 한 인간으로 존중하면서 인격적으로 대우할 때 친밀한 인간관계가 형성됩니다. 또한, 부부간에도 욕구와 바람을 충족하는 방법이 다르다는 것을 인정하고 존중하는 말을 해야 친밀한 관계가 유지됩니다.

기껏 상대를 돕겠다고 한 말이 걸림돌이 되어 상대방의 감정을 건드리거나 저항을 불러오면 말을 하지 않은 것보다 못한 상황이 올 수 있습니다. 우리의 감정선은 항상 움직입니다. 수용영역이 사람마다 다릅니다. 자신의 상황과 처지에 따라서 혹은 상대방이나 환경에 따라서 차이가 있기 때문에 똑같은 사실에 대하여도 수용선이 다르게 작용한다는 것을 이해해야 합니다.

자녀에게 문제가 있을 때 도움을 주려고 시도하지만, 제대로 작용하지 않는 이유는 자녀를 있는 그대로 받아들이려 하지 않고 자녀를 변화시키려는 의도를 가지기 때문입니다. 자녀가 반항하는 것은 자녀의 문제해결을 전적으로 부모가 책임지고 도와주려고 하기 때문입니다. '나는 네가 너의 문제를 해결할 수 있다고 보지 않아. 나에게 맡겼으면 한다'라고 부모가 생각을 하기 때문에 자녀는 저항과 방어를 합니다.

'나는 너를 받아들일 수 없어.'
'나는 너를 믿지 않아.'
'너의 느낌은 타당하지 않아.'
'네가 틀렸어. 너는 나빠.'
'너의 판단은 아직은 미숙해.'
'네가 어떻게 생각하든 나는 상관없어.'
'너는 현실을 잘못 인식하고 있어.'

이런 부모의 생각들은 자녀에게 커다란 걸림돌이 됩니다. 이런 걸림돌은 자녀의 입을 아예 막아버리기도 합니다.

감정의 문제가 생긴 사람과 대화할 때 걸림돌 대신 사용하는 방법에는 소극적 경청인 침묵, 인정하기*(아, 그렇군, 흠, 그래, 정말?)*, 말문 열기*(그 이야기 좀 해줄래?, 그다음은 어떻게 되었어?)* 등이 있습니다.

또한, 적극적인 경청으로 반영적 경청이 있습니다. 길을 가다가 어린 자녀가 개를 보고 무서워하며 "엄마, 저 개가 물면 어떡하지?"라고 할 때 "괜찮아. 저 개는 너를 물 수가 없어. 봐! 묶여 있잖아"라고 논리적으로 말하면 걸림돌로 아이를 대하는 것입니다. 하지만 반영적 경청으로 "우리 아기가 개를 무서워하는구나!"라고 하면서 아이의 손을 잡아주고 "저 개는 단단히 묶여 있고 엄마가 손을 꼭 잡고 가니깐 괜찮아"라고 하며 아이의 마음을 알아주고 따뜻한 사랑을 표현하면 아이는 두려움이 사라지고 안심하게 될 것입니다.

반영적 경청은 상대방의 기분을 상쾌하게 해주고 감정의 응어리를 풀어줄 수 있습니다. 상대방이 받아들여졌다는 것을 전달함으로써 스스로 문제를 해결할 수 있다는 것을 알게 됩니다. 표면적인 이야기를 나누다가 점점 더 본질적 문제에 이르는 데 도움을 주어 심층에 있는 내면적인 문제를 다루게 합니다. 문제의 원인을 외적인 것에서부터 자신에게로 초점을 두게 되고 결과적으로 친밀하고 따뜻한 관계를 만드는 데 도움이 됩니다. 문제해결에 있어서도 상대방에게 덜 의존하고 자신의 문제를 내면적으로 해결하도록 해주며 자기 책임감을 인식하고 자신의 삶에 주인이 되게 합니다.

상대방에게 자신의 의사를 표현할 때는 나전달법을 사용해야 합니다. 나전달법은 상대방의 행동이 자신에게 어떤 영향을 주고, 그 결과로 자신이 어떻게 느끼고 있는지를 표현하는 방법입니다. 누구나 다 좋은 사람이 되고 싶지 나쁜 사람이 되고 싶은 사람은 없습니다. 자녀도 부모에게 말 안 듣는 아이가 되고 싶지 않습니다. 나전달법은 자녀가 부모의 욕구를 중요시하는 행동을 자발적으로 할 수 있도록 허용하는 방법입니다.

나전달법이 좋은 이유를 몇 가지 제시하자면 다음과 같습니다.

첫째, 논쟁하기 어렵고 자녀가 저항할 기회가 적다는 점.

둘째, 부모들이 진심을 담아 전할 수 있는 점 즉, 부모가 실제로 어떻게 느끼고 있는지를 전해줄 수 있는 점.

셋째, 부모의 권위가 아니라 인격체로서의 부모의 모습을 보여줄 수 있는 점.

나전달법을 사용하는 부모는 조화롭고 현실적이며 진실된 모습을 보여주는데, 이는 부모가 자신을 드러내어 솔직하고 조화를 이루는 인격을 보이면 자녀가 긍정적인 감정을 가질 수 있도록 도와줄 수 있습니다.

그러나 너전달법을 나전달법으로 가장하거나 나전달법을 부족하게 사용하고 무의식적으로 교육하려 들고, 벌주려 한다면 자녀는 저항할 것입니다. 부적합한 나전달법을 사용하면 효과를 기대할 수 없다는 의미입니다. 또한, 자녀의 방어적 방법에 대하여 기어 바꾸기를 통해 반영적 경청을 먼저 해주어야 저항이 적고 소통에 도움이 됩니다.

부모와 자녀 혹은 부부간에 친밀한 관계를 유지하기 위해서 말하고 듣는 방법을 익히면 상대방을 인격적으로 존중하고 인정해주면서 관계를 좋게 할 수 있습니다. 어린아이가 다른 장식품처럼 꼭 있어야 하는 구색의 도구가 아니라 어리지만, 인간으로서 온전히 존중받아 인격적인 사람으로 성장할 때 친밀한 인간관계가 형성될 수 있습니다. 또한, 부부간에도 욕구와 바람을 충족하는 방법이 다르다는 것을 인정하고 존중하는 대화법을 통해 서로를 깊이 이해할 때 친밀한 관계 맺기에 도움이 될 것입니다.

05

엄마의 완벽주의에 질렸어요

엄마의 과도한 간섭과 훈계가 엄마의 완벽주의 때문이라면 본인도 힘들고 가족들 모두 괴로울 것입니다. 완벽한 성향은 자신을 믿지 못하고 남도 믿지 못합니다. 특히 부모가 그렇게 할 경우 자녀들은 숨통이 막힙니다. 스스로 문제를 해결할 힘을 갖지 못해서 노예근성을 배우거나 수동적인 태도로 행복과는 거리가 먼 삶을 살 수 있습니다. 엄마의 완벽주의가 싫은데 말하지 못하던 재수생의 반란의 결과를 나눠보도록 하겠습니다.

"재수를 해야 하는데 불안감이 너무 커서 적응할 수 없어요. 이 불안감에서 벗어나고 싶어요." 재수를 결정한 학생이 엄마와 함께 와서 하는 이야기입니다. 엄마의 말은 아직 재수 초기라서 학원 적응이 힘들어서 그런 것이라고 말합니다. 그러나 성적 때문이 아니라면 엄마와의 관계에서 생긴 문제일 수 있다는 생각에 엄마와 분리하여 이야기를 나누었습니다.

이 학생은 엄마의 완벽주의 때문에 너무나 괴롭다고 말합니다. 힘들다고 하면 받아준 적이 없고 다그치며 다른 친구들과 비교한다고 합니다. 그리고 매사에 간섭이 심한데 예를 들면 "이 반찬도 먹어야 해! 밥도 다 먹어야 해!"라고 하면서 밥 먹는 내내 말을 한답니다. 이것저것 엄마가 정해놓은 규칙대로 해야 한다는 명령과 지시만 들으니 너무나 지겹다고 합니다.

그러다 보니 친구관계도 원활하지 않다고 합니다. 친구가 조언하는 것도 엄마의 잔소리같이 여겨져서 화를 내게 되고 간섭하지 말라고 저항하게 된다고 합니다. 그러다 보니 자신의 주변에 친한 친구가 없고, 성적은 점점 떨어지고 엄마의 간섭은 더 심해지니까 죽고 싶은 마음만 든다고 합니다.

항상 친구와 비교하면서 "네 친구보다 나은 사람이 되려면 이렇게 해야 해!"라고 엄마가 해결책을 준다고 합니다. 그냥 잘한 것을 칭찬받고 싶고, 인정받고 싶은데 칭찬은 한 번도 안 해주고 더 높은 수준의 계획을 세워 놓고 이렇게 저렇게 하라는 지시의 말만 하는 엄마가 너무나 싫다고 합니다. 그냥 믿어주는 말을 해주면 좋겠는데... 항상 책임을 강조하면서 따지고 들면 정말 도망치고 싶다고 합니다.

이런 것에 대하여 엄마와 이야기를 나눈 적이 있는지, 엄마가 알고 있는지 물었습니다. 엄마는 인정하지 않지만, 엄마에게 말하고 도움을 청하는데 동의합니다. 이 학생도 워낙 다급하니까 엄마를 불러와서 함께 이야기를 나누면 좋겠다고 하였고 어떻게든 자신은 이 위기를 극복해서 살고 싶다고 합니다. 숨통이 트이고 싶다고 말합니다.

엄마는 자신은 다른 의도는 없었고 저 잘되라고 한 일인데 그게 무슨 문제냐고 오히려 반문합니다. 그러나 심리검사 내용과 딸의 이야기를 들으면서 자신을 돌아보게 되었고 협조를 하지 않으면 더 어려운 일이 생길 것을 짐작하고 주의하겠다고 약속합니다. 친구를 사귀는 일에도 간섭했던 일을 기억해내면서 자신의 잘못이 있음을 일부분 인정합니다.

딸의 불안은 엄마로 인해서 온 것이기 때문에 엄마가 협조하고 바뀌면 달라질 수 있습니다. 이 엄마도 딸의 진심과 실상을 전해 듣고 나서 자신이 정말 잘해야겠다고 생각하면서 계획표를 짜서 지키기로 약속을 했습니다.

처음에는 두 시간 동안 아무 간섭도 하지 않는 시간표를 스스로 짰습니다. 1주일에 두 시간씩 간격을 넓혀 가기로 하였습니다. 6시간에서 8시간, 10시간까지 딸이 무엇을 하든, 믿고 기다려 주기로 계획을 세웠고 그대로 지켰습니다. 처음에는 쉽게 되지 않아서 노트에 기록을 하면서 약속을 지키려 노력했습니다. 딸에게 간섭하고 싶은 말을 대신 노트에 적으면서 약속한 것을 지켰습니다. 엄마의 부단한 노력의 결과로 관계가 조금씩 변화하기 시작했습니다.

일단 학원에 다니는 딸은 엄마가 일일이 간섭하지 않고 해결책을 주지 않으니 스스로 생각하는 시간이 많아지고 홀가분하게 되었다고 합니다. 자신이 무엇을 해야 하는지 스스로 고민해서 해결하다 보니 성취감도 느끼고 스스로 뭔가 해냈다는 즐거움이 공부하는 원동력이 되었다고 합니다. 늘 불안하고 엄마가 어떤 잔소리를 할까 조마조마하던 마음이 사라지니까 살 것 같다고 합니다.

처음에는 엄마의 말소리가 귀에 들리는 것 같고 마치 환청이 들리는 것처럼 어색했으나 실제로 엄마가 아무 이야기도 하지 않고 수고했다는 말만 하니까 실감이 난다고 말합니다. 딸은 시금치가 싫은데 이게 건강에 좋으니까 시금치를 꼭 먹으라든지, 밥 한 그릇을 다 먹으라든지 할 때 얼마나 괴로웠는지 생각도 하기 싫다고 말합니다. '내가 로봇인가? 엄마의 노예인가?'라는 생각이 들기도 했다고 합니다.

엄마의 사랑이 왜곡된 형태로 전달된 경우였습니다. 과보호와 지나친 간섭은 사랑이 아닙니다. 오히려 자녀를 무능하게 하고 저항감을 일으키며 복수심을 키우는 결과를 가져옵니다. 자존감이 낮아져서 정말 자신이 무능한 것이라고 받아들이면 실제로 무능한 사람이 되고 맙니다.

그 학생은 실제로 칼질이나, 뭔가 경험을 하려고 하면 "넌 못해!" 라고 하면서 기회를 주지 않았다고 합니다. 그러다 보니 실제로 못하게 되더라고 말합니다. 어려서부터 밥이나 반찬도 만들어 보아야 경험 속에서 성취의 기쁨을 체험할 수 있는데 그런 기회를 한 번도 허락하지 않아서 해볼 수도 없었고 두려움만 쌓아왔다고 합니다. 무엇을 해보려 해도 배운적이나 체험해본 게 없으니 할 줄 아는 게 하나도 없고 칼질도 못 해서 베이기 일쑤라고 합니다.

만일 이런 경우 치유되지 못한 채 세상에 나가면 직장에서도 노예 같은 생활을 할 수 있고, 스스로 뭔가 이루어내기보다 수동적인 모습으로 늘 불안에 휩싸인 삶을 살 수밖에 없을 것입니다. 다행히도 엄마의 협조로 재수 생활을 무사히 마치고 대학 진학을 할 수 있었습니다. 그리고 친구 관계도 회복되었으며 주체적인 성인으로 발돋움하기 시작했습니다.

엄마들이 조금만 집착을 내려놓고 자녀에게 자유롭게 욕구와 바람을 충족하는 방법을 안내해준다면 훨씬 더 행복한 관계를 만들 수 있습니다. 모녀 관계는 잘하면 친구처럼 정말 좋은 관계가 되지만 잘못하면 애증이 교차되어 서로 원망하는 관계가 될 수 있습니다.

소중한 가족을 소중하게 대해야 하고, 상대의 자유를 존중해줄 수 있는 마음이 될 때 자신의 자유도 지킬 수 있습니다. 자신이 귀하면 상대도 귀한 법이니까 서로 존중하는 법을 엄마로부터 배운다면 주변 사람들과 얼마든지 행복하고 존중받는 관계를 유지할 수 있습니다.

06

총각과 부적절한 관계지만 그를 보내기 싫다는 유부녀

'삶이 자로 잰 듯 분명한 윤리와 규범대로 사는 인생이 과연 얼마나 될까'라고 한 번 더 생각하게 만드는 상담이 있었습니다. 자신의 행동이 혼란스러운데 잘 해결되지 않고 갯벌에 발이 점점 빠져들어 가듯 수렁에 갇힌 것과 같다고 하던 30대 후반 여성의 이야기입니다. 사람들의 다양한 가치관과 삶의 방식에 대하여 누가 누구를 판단할 수 있는가에 대한 깊은 교훈을 얻었던 경험을 나누려 합니다.

아주 심각하게 고민하는 모습에, 기운이 하나도 없고, 얼굴에는 수심이 가득한 30대 후반의 여성은 한숨을 한참 쉬다가 이야기를 시작합니다. 그런데 나는 그 이야기를 들으며 마음속으로 이미 판단을 시작하고 있었습니다. 지금이라면 내가 조금 더 성숙해서 이

해도가 달라졌을 것입니다. 그런데 8년 전 그때는 그 이야기들에 도덕적인 잣대를 들이밀어 속으로 평가를 해서 이야기에 저항하며 집중하지 못하였습니다.

상담자는 가치 중립적이어야 함을 누누이 배우고 훈련하였음에도 나는 순간적으로 유부녀가 그러면 안 되는 데 하면서 바라보고 있었습니다. 중학생 아들 둘을 두고 있는데 미혼 총각과 부적절한 관계를 맺고 있었습니다. 그 청년은 결혼을 앞두고 있어서 생각으로는 보내야 한다고 하면서도 마음으로는 보내고 싶지 않아서 괴롭다고 합니다. 그 양가감정을 이해할 수는 있으나 '어떻게 그럴 수 있지?'라고 판단하는 마음이 생겨 역전이가 일어난 상태였습니다.

자신의 과거 이야기를 합니다. 홀어머니가 자신을 키우면서 술집을 운영했고 엄마가 여러 남자와 친하게 지내는 것을 보며 자랐다고 합니다. 자신도 중학교 때 성폭행을 당했는데 누구에게도 말하지 못하고 상처를 끌어안고 살아왔다고 합니다. 그리고 많은 남성과 부적절한 만남을 갖게 되었는데 '그것이 심리적인 저항이 아닌가'라는 생각이 들었다고 합니다. 남성들에 대한 분노를 그런 식으로 풀었다는 의미로 들렸습니다. 물론 결혼 이후에도 그런 삶에서 벗어나지 못하고 있다는 이야기였습니다.

성적인 학대를 당했는데 해결하지 못했을 경우, 분노가 일어나고 원수를 갚아야 한다는 생각을 갖게 되면서 성적 문란에 빠지는 예도 있다는 글을 읽은 적이 있습니다.

이 여성도 그런 상태인 것으로 보여 성 관련 전문가가 아니라고 다른 곳에 트랜스를 하려 했지만, 이분이 거절해서 그냥 단 회기 상담으로 마치고 말았습니다. 물론 집중해서 듣고 공감하려 노력했으나 진심의 공감이 아닌 것을 그 여성도 눈치챘을 것 같아서 계속 미안함이 남아 있습니다.

이 여성을 만난 이후 나는 과연 내가 상담자로 자격이 있는가를 수없이 고민하였습니다. '내담자가 얼마나 힘들면 찾아왔을까? 그런데 그에 대한 도덕적 판단을 하는 나는 과연 상담을 할 수 있을까?' 그래서 한동안 상담을 하고 싶지 않아서 망설였던 적이 있습니다. 어려움에 처한 사람에게 진심으로 당신이 옳다고 말해주지도 못하면서 무슨 상담을 하느냐는 자책으로 한동안 움츠리고 상심했었습니다.

문제 속에 갇혀 있는 사람은 도움이 필요하여 찾아와 손을 내밀고 있는데 그 손을 잡아주지 못한 나 자신이 혼란스러웠습니다. 내면에서 도덕적인 잣대로 바라보면 상담에서 좋은 결과를 얻을 수 없다는 이론을 수없이 학습했는데 막상 그런 상황에 닥치니 고민만 커졌습니다.

지도교수와 동료들에게 자문을 구하면서 나의 내면을 살피기 시작했고, 내게는 여전히 기독교적인 율법주의가 있어서 정죄하고 판단하는 상태임을 자각하게 되었습니다. 더욱 성찰하며 내면을 비우고 살피면서 누구든지 어려움을 만나 손을 내민다면 조건없이 그 손을 잡아주어야 한다는 것을 체득하게 되었으나 태생적인 한계와 수용력의 한계로 어려움을 만날 때가 가끔 있었습니다.

그 여성분도 의식적으로는 그렇게 하고 싶지 않은데 자신의 내면에 있는 허전함을 메우기 위해 무엇인가 무의식이 이끄는 대로 행동하다 보니 그런 관계를 맺게 되어서 원망스럽다고 말합니다. 그 여성의 모습이 생각날 때마다 그 여성을 위해 기도하게 되었습니다.

그 일이 나에게는 성찰의 계기가 되었고 누구에게나 도움을 주어야 한다는 사실과 어떤 경우에라도 판단해서는 안 된다는 교훈을 얻게 되었습니다.

도덕적인 율법대로만 살아가는 사람이 과연 얼마나 있을까 싶습니다. 우리는 돌아서면 마음으로 죄짓고, 판단하고, 비난하고, 화를 내고, 나쁜 마음을 먹습니다. 몇 개월의 성찰과 숙고 끝에 다시 상담자로 일하면서 좀 더 신중하게 내담자의 입장을 살펴보게 되었고, 그런 상황에 처할 수 밖에 없었던 그 여성의 환경이 그 여성의 잘못이 아님을 인정하고 공감해주는 자세를 잃지 말아야 한다는 큰 배움을 얻었습니다.

만약 지금 그런 어려움에 처한 사람을 만난다면 그때보다는 훨씬 여유롭게 따뜻한 마음으로 대할 것입니다.

※상담자의 윤리와 자세에 대하여 더 알고 싶다면 <심리상담의 이론과 실제>(신성만 외, 마인드포럼)를 읽어보시기 바랍니다.

07

건강과 비난의 관계를 알고 통제하기

현실치료 상담의 실제에서 윌리암 글라써는 우리의 몸이 누군가를 비난할 때 그 대상이 나인지, 타인인지 알지 못하기 때문에 비난하거나 부정적인 행동을 하는 순간 무슨 전쟁이 났는가 대비해야 하는 신호로 알고 영양분과 혈액을 모으기 시작한다고 합니다. 그 결과 고혈압이 오고 동맥경화가 오고 때로는 뇌경색이나 심근경색이 올 수 있다고 말합니다. 비난과 건강의 역학 관계에 대하여 살펴보도록 하겠습니다.

비난의 근본적인 결점은 그것이 좋은 의도가 아니라는 것보다 대부분은 그 의도를 전혀 깨닫지 못하는 데 있다고 합니다. 비난은 사람들이 좀 더 효과적으로 함께 일하도록 돕는 것이 아니라 그들

간의 관계를 벌어지게 만드는 것입니다.

윌리암 글라써는 우리가 건강을 유지하려면 병에 걸렸을 때 의사가 우리를 치료해주리라는 전통적인 생각에서 벗어나야 한다고 주장합니다. 건강에 대한 전적인 책임은 우리 자신에게 달려 있다는 말입니다. 의사는 전문적인 상담자로서 우리의 건강 보호를 위해 우리가 스스로 터득할 수 있는 방법을 보충해 주는 역할을 할 뿐이라고 말합니다.

어떤 사람이 직장에서 사장과 계속 나쁜 관계를 유지하다가 심장병으로 쓰러졌다면 그는 자신과 사장과의 관계를 개선하기 위해 무언가를 하지 않았기 때문이라고 보는 것입니다. 그 사람이 사장을 계속 비난하고 공격하려는 마음을 가질 때마다 심장에서는 전쟁상황이라고 여겨 혈액의 흐름을 빠르게 하고 영양분을 모아들였을 것입니다. 왜냐하면, 우리가 부정적이거나 비난하는 마음을 가질 때 우리의 뇌는 그 대상이 나인지, 타인인지 알지 못해서 똑같이 반응하기 때문입니다. 그런 상태로 오래 있다 보면 어느 순간에 경화현상이나 심근경색 같은 증상이 나타날 수 있습니다.

그러므로 억울한 상황이 왔을 때 비난하기를 선택하기보다 그에 맞는 감정의 표현이 훨씬 나은 대처방법입니다. 사장에게 부당함에 대하여 자신의 의견을 나전달법으로 상세하게 말해야 합니다. 우리는 자신의 평안함과 건강을 위해서라도 비난이나 판단 혹은 부정적인 마음을 선택하지 않고 자신의 의견과 생각을 당당하게 표현하는 방법을 배워서 질병에 들지 않도록 주의해야 할 것입니다.

그런데 많은 경우 가정이나 직장에서 비난하기를 선택할 때가 많습니다. 이러한 비난이 원만한 가족생활에 얼마만큼의 파괴적인 영향을 주는지를 알지 못한 채 계속하여 비난을 선택하며 비난 속에 파묻혀 삽니다. 언어로 행하는 비난은 빈정거림, 비웃음, 과장된 말 등의 형태로 나타납니다. 매사에 배려하지 않고, 꼬치꼬치 캐묻고 따지며, 비난을 퍼붓는 경우가 많습니다. 비난은 우리가 말하는 그 이상의 것으로 혐오와 경멸, 심지어 증오심을 가지고 상대를 바라보게 합니다.

우리가 타인에게 등을 돌리거나, 말을 하지 않거나, 그들의 말을 귀담아듣지 않을 때 우리는 그들이 가치 없는 존재라고 말하고 있는 것과 같습니다. 언어적 혹은 비언어적으로 하는 비난은 가혹하고 고통스러운 것입니다.

비난이나 비판을 통해 건설적이든 아니든 우리가 개선하려고 시도할 때 그것은 삶에 대한 통제를 주는 대신 오히려 잃게 만들 수 있습니다. 우리 자신의 머릿속 사진을 주변의 사람들에게 주입

시키려고 할 때 대가를 지불하게 됩니다. 인격적으로 가혹한 비난을 감수해야만 합니다.

내가 누군가에게 도움을 청했는데 그가 나에게 그런 부탁을 하는 것은 바보 같다고 하거나 내가 원하는 것 자체가 어리석다고 말한다면 나는 통제력을 잃게 될 것입니다. 이런 경우에 다시 통제력을 얻으려고 노력하는 행동은 분노입니다. 분노는 자신이 세상을 갑자기 통제할 수 없는 상태로 되어 간다고 느낄 때 우리가 선택하게 되는 익숙한 행동입니다.

비난을 당하는 일이 통제력을 잃는 가장 강력한 일입니다. 그러니까 어려운 일을 당했을 때보다 더 심각하게 통제력을 잃는 것이 비난을 당하는 일이라 할 수 있습니다. 그러므로 비난이야말로 우리 자신의 삶을 통제하기 위해 사용하는 가장 파괴적인 행동이라고 할 수 있습니다.

만일 비난 받는 사람이 술을 마신다면 폭력에 대한 잠재력이 늘어날 것입니다. 혹독한 비난을 당하게 되면 뇌에서 고통스러운 폭발이 일어나게 되고 어떤 대가를 치르더라도 다시 통제력을 얻으려는 욕구 때문에 무분별하게 분노를 표출하게 됩니다.

아마도 가장 위험한 형태의 비난은 자기 비난일 것입니다. 누군가가 나를 비난한다면 나는 그 사람을 떠날 것입니다. 그런데 내가 나를 비난한다면 나는 어디로 가야 할까요?

나는 내 사진첩 속에서 내가 무슨 일을 하든 항상 능력 있는 사람으로 상상을 합니다. 항상 어떤 행동을 선택하든 최선의 행동이라 여깁니다. 지금 자신이 하고 있는 행동이 자신을 벌주고, 자기 비난을 하는 행동이라면 가혹한 자기 비난으로 인해 우리가 보는 것과 원하는 것 사이에 간격이 더 벌어지게 될 것입니다. 우울증을 택하거나 알코올을 택하거나 심한 경우 창의적인 행동으로 자살을 택할지도 모릅니다.

그러므로 우리의 삶을 통제하기를 원한다면 다른 사람을 비난하는 것을 피하는 방법을 배워야 할 뿐만 아니라 자기 자신을 비난하는 일 또한 피해야 합니다. 어린아이들은 부모의 가르침을 기대합니다. 부모의 지도가 필요하다는 것을 알고 있습니다. 부모는 전적으로 더 나은 방법을 말해주거나 보여주는 것이고 그들의 잘못된 행동을 지적하고 힘겨루기를 할 필요가 없습니다. 잘못된 행동을 언급하는 순간 '비난하는 것'으로 듣고 금방 좌절하여 그 의견에 따르지 않을 것이기 때문입니다.

비난은 사람들이 좀 더 효과적으로 함께 일하도록 돕는 것이 아니라 그들 간의 관계를 벌어지게 만듭니다. 그러므로 이런 경우에는 "어떻게 하면 좋을까요?"라고 방법을 제안한다면 함께 의논하면서 서로를 비난하지 않고 상황을 벗어날 수 있을 것입니다.

또한, 좋은 방법 중의 하나는 상대에게 자신의 약한 점을 스스로 찾아내도록 돕는 것입니다. 스스로 부족한 점을 찾아낸다면 그것에 관하여 공동으로 협력하여 수정할 방법을 의논하면서 개선해 나갈 수 있습니다. 두 사람 다 더 나은 방향으로 나갈 기회가 생기므로 비난할 필요가 없어집니다.

※건강과 비난의 관계를 더 알고 싶다면 <당신의 삶은 누가 통제하는가>를 읽어보시기 바랍니다.

6장

chapter. six

보통의 가족도
행복할 수 있습니다

가족 간에 서로의 바람과 욕구를 충족하는 방법을
세심하게 배려하고 돌아볼 수 있어야 합니다.
행복이 선택이듯 불행도 선택임을 알고 서로서로
사랑의 눈과 수고의 손길을 놓지 않고 편견 없이 바라볼 수
있어야 합니다.

01

보통의 가족이 무서운 이유

보통의 가족이 하는 실수는 여러 가지가 있으나 알아차리지 못하고 그냥 지나칠 때가 많습니다. 가족은 가까운 사이여서 서로에게 무심하게 상처를 주는 경우가 너무나 많습니다. 그런데 타인은 끊어내는 것이 가능하지만 가족은 끊어낼 수 없는 혈연으로 이어져 있어서 보통의 가족이 더 무섭다고 하는 것입니다. 잘라낼 수 없으니 더 아프고 슬프며, 잔혹한 결과를 빚어냅니다.

보통의 가족 안에서 가장 흔하게 생기는 위험성에 대해서 알아차리지 못하면 더욱 큰 문제가 생길 수 있음을 알아야 합니다.

앞의 상담 사례에서 보았듯이 순조롭게 달리는 듯 보였던 인생에 브레이크가 걸린 사건들이 대부분입니다. 순조롭게 달린 것이 아니라 순조롭게 달리는 듯 보였던 것인데 이런 순조로움은 사실

허상이며, 너무나 순조롭게 흘러가고 있어서 삶을 자극하지 못하는 일들은 삶의 의미나 행복을 건져 낼 수 없음을 의미합니다.

이 세상에는 눈에 보이는 것만 존재하는 것이 아니며 보이지 않는 것이 중요하게 작용한다는 것을 알아야 합니다. '나 자신과 가족을 믿어야지'라고 의식하는 그 순간뿐만 아니라 실패하고 무너졌을 때조차도 그 믿음을 놓지 않는 게 중요합니다. 그래서 가족은 믿음입니다.

'우리 가족과 나는 실패했어!'라고 하면서 좌절하는 것이 아니라 이것을 다시 삶의 자양분이 될 수 있도록 믿음을 놓지 않고, 자세를 낮추어 귀를 기울여 찾아보려는 겸손한 태도가 반영될 때 보통의 가족도 행복할 수 있습니다. 질 좋은 실패를 만들어 갈 때 벽 너머의 문을 열 수 있습니다. 얼마 전 남해 헬기 사고로 돌아가신 분의 아들이 한 이야기가 있습니다.

"아버지 감사하고, 존경하고, 사랑합니다. 그런데 저는 왜 이 말을 지금까지 한 번도 해본 적이 없을까요? 가만히 아버지께서 돌아가시고 나서 생각해보니까 이 말은 너무너무 흔해서 앞으로 언제든지 얼마든지 할 수 있을 거라 생각을 했어요. 그래서 하지 않았어요. 죄송합니다."

자녀가 아버지를 사랑하지 않은 것이 아닌데 표현하지 않으면 사랑하지 않은 것이 되어버리고, 존경하지 않은 것이 되어버리고, 감사하지 않은 것이 되어버립니다. 시간은 흘러가 버려 되돌릴 수 없으나 생각은 되돌릴 수 있고 행동도 다시 선택할 수 있음을 알아야 합니다. 누구든지 되돌아갈 곳이 있을 때 안심하고 길을 갑니다. 우리가 언제든지 돌아갈 곳은 가족입니다.

그 가족이 가장 무서운 상황이 되지 않도록 준비된 마음으로 살피고 또 살펴서 서로를 배려하고 인정할 수 있다면 얼마든지 행복한 관계로 성장해 나갈 수 있습니다.

어느 순간에 느끼는 감정은 그때 그 순간뿐임을 기억해야 합니다. 아무리 열렬히 사랑하는 사람이 있다고 해도 표현하지 않으면 사랑하던 그때의 감정과 오랜 세월이 흘러 새로이 해석된 추억은 다른 감정이라는 것을 알아야 합니다. 상대는 같아도 내가 사랑하는 것과 시간이 지나서 그리워하는 것은 다른 감정이라는 것입니다.

헬기 사고로 아버지를 떠나보낸 아들은 아버지를 사랑하는 마음, 아버지를 존경하는 마음, 감사한 마음을 계속 흘려보내고 있었는데 그 수신처가 아버지가 아니라는 것이 문제입니다. 수신인이 없는 채로 시간과 함께 그냥 감정을 흘려보내고 말았다는 것이 문제입니다. 받는 사람이 없이 그 감정들이 어디로 떠내려가서 사라졌는지 아무도 모른다는 게 문제입니다.

아버지가 돌아가신 후에 돌아보고, 마음이 텅 비어 있는 것을 발견하게 된 것은 무서운 일입니다. 후회해도 소용없는 일이 되고 맙니다. 이처럼 부모 자녀 관계에서도 마땅히 베풀어야 할 사랑과 애정과 지지를 놓치지 말고 순간순간 표현하며 행복할 기회를 잡아야 합니다.

가족이 언제나 함께한다는 보장이 없는 유한성의 관계라는 것을 잊지 않을 때 표현하는 기회가 생길 것입니다.

02

보통의 가족이 무섭지 않고 행복하려면

가족 간에 서로의 바람과 욕구를 충족하는 방법을 세심하게 배려하고 돌아볼 수 있어야 합니다. 행복이 선택이듯 불행도 선택임을 알고 서로서로 사랑의 눈과 수고의 손길을 놓지 않고 편견 없이 바라볼 수 있어야 합니다.

특히 부모 자녀 관계에서 가장 중요한 것이 무엇인지 기억해야 합니다. 내가 원하는 방식대로 조종하려 하거나 강제력을 사용하면 좋은 관계는 이루어질 수 없다는 것을 잊지 말아야 합니다.

자녀들은 자신이 원하는 것을 자기의 방식으로 성취할 때 가장 행복할 수 있음을 기억하고, 스스로 원하는 것을 찾아 실행할 수 있는 힘을 갖추도록 기회를 제공해야 합니다. 부모로서 마땅히 해야 할 것들을 흘려보내지 말고 애정과 격려를 표현하며 모델링을 해야 합니다.

지금까지 살펴보았던 사례들 대부분이 가족 간 관계 형성이 잘못되어서 생긴 일들입니다. 그러므로 관계를 좋게 하는 행동이 무엇인지, 그 행동들을 학습하며 훈련하여 자신이 언제든지 사용할 수 있는 도구로 삼아 관계 회복에 힘쓸 때 보통의 가족도 행복할 수 있습니다.

커튼 뒤에 숨겨두었던 이야기들도 용기를 내어 풀어놓으니 실마리가 잡히고 그 실을 풀어내어 해결한 사례들을 살펴 보았습니다. 보통의 가족 모두에게 언제나 있을 수 있는 실제 일들을 간접경험 하면서 어떤 부분에 관심을 두어야 하는지 이미 알아차렸을 것입니다.

알면서 모르는 척하며 섭섭함과 무안함을 쌓아가지 말고 적극적인 애정표현과 지지와 인정의 말을 아끼지 말아야 할 것입니다. 기쁨은 나누면 배가 된다고 하였듯 한 가족이 됨을 기뻐하고 선언하며 행복을 선택해야 합니다.

선택에는 책임이 따른다는 것을 항상 기억하고 좋은 선택으로 좋은 관계를 유지하도록 힘을 쏟아야 할 것입니다. 현실치료상담의 W.D.E.P 체계를 매 순간 적용하여 새로운 계획을 세울 수 있다면 언제나 행복을 선택할 수 있습니다.

내가 선택한 행동이 도움이 되는가에 대한 자기평가 항목을 머릿속에, 가슴 속에, 마음 판에 새기고 있다면 우리의 삶에서 혹은 가족 안에서 항상 성찰하는 삶이 될 것이며 더 좋은 선택이 가능할 것입니다. 가족 안에서 서로의 속에 꽁꽁 감추어 두면 절대 알 수 없는 일들을 드러내어 의논하고 방법을 함께 찾아 나간다면 길은 반드시 생기고 치유될 수 있습니다.

순간의 시간은 다시 되돌릴 수 없고 과거에 일어난 일은 현재에서 절대로 되돌이킬 수 없다는 점을 인식하고 '지금, 이 순간 여기'에서 나는 누구인지, 내가 누구에게 어떤 존재인지를 잊지 않는다면 가족 간 서로의 존재가 얼마나 소중하고 의미 있는 지 알게 될 것입니다. 매 순간 살아 있음에 감사하고 그 존재 자체로 의미를 삼는다면 우리는 얼마든지 행복이란 작은 열차에 몸을 싣고 함께 나갈 수 있을 것입니다.

에필로그

그동안 만났던 사람들의 아픔과 회복과정을 살펴보면서 나 자신을 먼저 돌아보는 시간이 되어 감사했습니다. 여러 사례들이 꽤 시간이 흘렀음에도 어제 만났던 사람들처럼 생생하게 기억나는 것은 그들의 아픔을 품고 두세 달 혹은 일 년 가까이 씨름하였기 때문입니다.

이 글을 정리하면서 '삶은 사랑'이라 말하며 '사랑이면 된다'라고 주장하는 나는 과연 사랑하는 삶을 살았는가 생각해보게 되었습니다. '좀 더 마음을 쏟아 내담자를 대할 수 있었을 텐데'하는 아쉬움이 남았습니다.

길을 가다 돌부리에 부딪혀 아픈 발을 부여잡고 계속 쪼그려 앉아 있을 것인지, 시간이 걸려도 그 돌을 치우거나 비켜 가면서 다른 길을 찾아낼 것인지는 본인의 선택입니다. 지나간 20여 년간의 수많은 사례 속에서 이처럼 선명하게 기억에 남는 것은 행복을 선택하고 과감하게 용기를 냈던 분들이 있었기 때문입니다. 나름의 성과가 날 수 있도록 노력해준 참 고마운 사람들 덕분입니다.

보통의 가족으로 보인다고 해서 보통의 행복 속에 사는 것은 아니었습니다. 보통의 가족이라 여겼던 그들의 속살을 들춰보니 참으로 당황스럽고 안타까운 일들이 많았습니다.

여기 제시된 사례들은 실제 '보통의 가족'이 품고 있었던 '보통의 문제'들입니다. 보통의 문제들은 한 개인의 문제가 아니라 누구나 있을 수 있는 문제들입니다.

혹여 이 글을 읽는 여러분 중에도 들추고 싶지 않아서 꾹꾹 눌러 폭탄을 만들고 있지는 않으신가요?

"인생은 고해와 같다"라고 하면서 무작정 참고 살거나 외면하면서 살고 있지는 않으신가요?

선뜻 "나 이런 문제가 있어"라고 말하기 어려워서 두려워만 하고 있지 않으신가요?

아프고 불행한 것이 나만 그런 것이라고 여겨 감추고만 있다면, 또 다른 선택도 가능하다는 것을 꼭 기억하시기 바랍니다. 매 순간 삶의 의미를 찾고 드러내어 말하는 순간 길이 보입니다.

만일 '뭐 뾰족한 수가 있나? 보통 다 그런 거지 뭐!'라고 하면서 불행을 선택하고 있는 것을 인식하지 못한다면 삶의 아름다움을 미처 보지 못할 것입니다.

사실은 이것이 가장 무서운 일입니다.

그러나 우리는 언제나 행복을 선택할 수 있습니다.

그리고 이 책이 행복을 선택할 수 있는 기회가 되기를 바랍니다.

상담자인 본인도 얼마 전까지 아버지가 너무 일찍 돌아가셔서 모든 것을 책으로 배워왔고 실제적인 아버지 상이 그려지지 않아 고통스러울 때가 많았습니다.

우연히 만난 책『불리한 청춘은 있어도 불행한 청춘은 없다』중 "영혼의 책장 갖기"라는 대목의 아버지 모습에서, '우리 아버지도 나를 무릎에 앉히고 당신이 쓴 희곡을 그렇게 아름답게 읽어주지 않았을까'라는 심상이 그려지면서 치유를 경험하였고 자유롭게 되었습니다.

이 책이 여러분에게 그런 의미로 다가가면 참 좋겠습니다.

이 책이 나올 수 있도록 한없는 사랑을 부어준 가족들에게 감사를 전합니다. 이 모든 일의 배후에서 은혜를 베푸신 하나님께 영광을 돌립니다.

마음으로 끝까지 읽어주셔서 감사합니다. 이 글이 나오기까지 문장을 다듬고 길을 찾아갈 수 있도록 세심하게 지도해준 글 스승님들께 무한한 애정과 감사를 전합니다.

초판 1 쇄 _ **2022년 8월 22일**
지 은 이 _ 김미혜
펴 낸 이 _ 김현태
디 자 인 _ 디자이너 장창호
펴 낸 곳 _ 따스한 이야기
등 록 _ No. 305-2011-000035
전 화 _ 070-8699-8765
팩 스 _ 02- 6020-8765
이 메 일 _ jhyuntae512@hanmail.net

따스한 이야기 페이스북, 인스타그램
https://www.facebook.com/touchingstorypublisher
https://www.instagram.com/touchingstory512

따스한 이야기는 출판을 원하는 분들의 좋은 원고를
기다리고 있습니다.

가격 15,000원